说说青春那些事儿

男生篇

鸫 衣 ◎ 著

图书在版编目（CIP）数据

说说青春那些事儿. 男生篇 / 鸫衣著. —北京：北京大学出版社，2016.6
ISBN 978-7-301-27020-2

Ⅰ. ①说… Ⅱ. ①鸫… Ⅲ. ①男性—家庭教育 Ⅳ. ①G78

中国版本图书馆 CIP 数据核字(2016)第 068211 号

书　　　　名	说说青春那些事儿（男生篇） Shuoshuo Qingchun Naxie Shir（Nansheng Pian）
著作责任者	鸫　衣 著
责 任 编 辑	宋智广　马亚丽
标 准 书 号	ISBN 978-7-301-27020-2
出 版 发 行	北京大学出版社
地　　　　址	北京市海淀区成府路 205 号　100871
网　　　　址	http://www.pup.cn　　新浪微博：@北京大学出版社
电 子 信 箱	zpup@pup.cn
电　　　　话	邮购部 62752015　发行部 62750672　编辑部 62988864-613
印 刷 者	北京大学印刷厂
经 销 者	新华书店 710 毫米×1000 毫米　16 开本　13.75 印张　171 千字 2016 年 6 月第 1 版　2016 年 6 月第 1 次印刷
定　　　　价	35.00 元

未经许可，不得以任何方式复制或抄袭本书之部分或全部内容。

版权所有，侵权必究

举报电话：010-62752024　电子信箱：fd@pup.pku.edu.cn
图书如有印装质量问题，请与出版部联系，电话：010-62756370

❋ 推荐序

鸪衣，是一位在人群里会发光的女子。我对鸪衣的了解，大都源自她的文字。第一次读她的作品，我就有种感觉：仿佛是前世丢失的知音，到了今世，恰巧遇见，值得无比珍惜。

关于鸪衣，你不用看她的文字，看见她的人，你就能闻到浓浓的书香，这应该归功于家族环境的熏陶。鸪衣的祖母，写得一手好字，弹得一手好琴，说一口流利的英文，是新中国的第一代英语老师。祖母的父亲，清末秀才，后留洋日本，给女儿灌输的第一个思想就是：腹有诗书气自华。这个思想贯穿了祖母一生。小时候，鸪衣偶有做错事，祖母不会过多地责怪批评，只淡淡地拿出一本书，说："看书去。"

鸪衣的父亲是位语文老师，颇得学生喜爱。在教育战线上奋斗了很多年，父亲最大的心得是家庭教育和学校教育有很大的不同，唯一相同的地方是不要扼杀孩子的兴趣，要善于发现孩子的特长。鸪衣理所当然地成了受益者。父亲激发了鸪衣对文字的热爱。即便在生活最艰难的时候，父亲也没有在鸪衣买书的问题上苛刻过。在父亲看来，书是精神食粮，比米饭更可贵，人可以少吃一顿饭，却不能少读一本书。而且，父亲从不以学习成绩要挟，只要鸪衣愿意可以随时抱着书看，从而保证了鸪衣读高中的时候还有闲心读闲书，写文章。

对于鸪衣的教育，父亲有自己的想法。比如鸪衣对文字的热爱，是自己坚持下来的。在这个过程中，父亲从没有刻意挖掘或者干涉。

父亲觉得，父母要做的不仅仅是由着孩子自己滋长自己的喜好，更应该在孩子对某项事物好奇的时候，第一时间做到肯定和鼓励。因为父母的肯定和鼓励对孩子很重要。

再比如，父亲认为，家长可以对孩子放养，却不能没有学习目标。我们的目标不是一定要考取清华北大，不是一定要上"211"高校，但是，有一点必须让孩子明白，每个阶段的任务是不一样的，学习的时候学习是最重要的，绝不能避重就轻，全凭自己的喜好做事。这是一条很重要的生存法则，不能全无目标。

教育世家出身的鸪衣，对于教育的理解尤为深刻，她觉得教育是一个人一辈子的事业。她利用业余时间，认真地研究国内外教育大师的各种案例，比较赞赏玛利亚·蒙台梭利（Maria Montessori），并致力打造适合中国国情的家教新模式。

《说说青春那些事儿》倾注了鸪衣大量的心血。在书中，鸪衣以孩子在成长的轨迹中可能发生的事件为例，用最朴实而极具感染力的语言，警醒天下父母，该如何善待孩子，提高爱的质量。

鸪衣的文字里，透着智慧！

韦秀英

2015年深秋于北京

前 言

那时，微博和微信还没有盛行。在一个颇有名气的论坛，我看到一篇文章，写国外对孩子的教育如何如何，国内对孩子的教育如何如何，作了很多对比，有家庭方面的，有学校方面的，让人感触颇多。有很多人跟帖支持楼主的说法，也有很多人质疑并反对楼主的说法。

我没有去考证这篇文章的真实性，真实性重要吗？不重要。重要的应该是如何去引导教育孩子，如何学会不用生硬的语气和孩子说话，如何在第一时间发现孩子的情绪不对，如何走出教育的迷茫……

那是这篇文章带给我的思考，那天之后我开始思索这些问题。

那时还没有决定写这套书，我只是纯粹地带着这些最原始的想法，拜访了几位老师。交谈之后，我受到了不少启发，觉得自己应该为教育事业做些什么。几晚的辗转反侧之后，才有了写这套书的想法。

那之后的三年时间，我就很多成长问题和许多身处青春期的孩子进行了交流，听了很多故事，很多我们以为会这样的原因，在和他们深度接触后，却发现原来是那样的原因。

看看，很多时候，我们连孩子真切的想法都不知道，又从何讲交流，从何讲理解，从何讲教育呢？

所以，我很希望身为父母的大人，认真地读一读这套书，除了几个例子，大部分的故事都取材于身边极普通的人群，当你们因执拗于某个问题而质疑孩子的时候，或许读了孩子的心声就会转变一个角度。

其实一开始我并没有准备将男生和女生的故事分册，很多故事原本就和性别没有太多关系。但是，听到的故事太多，又大多不想舍弃，慢慢整理下来，发现已经不是一本书能承载了，才不得不出了这个下策。

有几句话是送给青春期的男孩的——

亲爱的男孩：

或许直至现在你还觉得，父母对你的管制，是为了延续他们自己不曾实现的梦想，让你成为奥特曼那样的超人，可以高大帅气地站在人群面前，受万众敬仰。

其实，错了。

他们只是不想你成为岌岌可危的小怪兽，一直处在挨打的境地。他们今天所做的一切，仅仅为了明天你能随心所欲、轻松快乐地过自己想过的日子。他们的出发点仅仅是为了你！

那不是虚荣，而是浓烈的爱。

可能他们用错了方式，或粗浅或偏激或暴力或其他的种种，但这些都不能否认他们爱你的心。所以，矛盾出现的时候，请你，用哪怕只有一点点带着爱的目光看看他们。

认真地看看他们，再决定要不要把伤害他们的话说出来……

写这套书的时候，我得到了数以千计的孩子的支持，在此表示感谢！并一并感谢这些孩子的家长及老师！谢谢你们的参与，才让这套书有机会得以问世！

目 录

亲情，永远无法跨越的一条河 / 1
 很多年以前 / 1
 为你撑起的伞 / 3
 不曾说的秘密 / 6
 最想说的一句话 / 8
 一个拳头的距离 / 10
 从窗口望下去 / 12
 最大的幸福 / 14
 只是你不知道 / 16
 等你回家 / 18
 不会哭泣的骆驼 / 20

友谊，不得不说的故事 / 23
 寂寞的船 / 23
 8 岁那年 / 25
 如果耳朵可以说谎 / 28
 对不起，请原谅 / 30
 那些没有对错的青春 / 32
 简单的快乐 / 34
 明天我会忘记你 / 37
 海鸥飞过的海域 / 39

橡皮擦的记忆 / 41

　　掌心里的地球仪 / 43

懵懂爱情，我想更懂你 / 46

　　会笑的公主 / 46

　　迎着风的方向 / 48

　　阳光灿烂的季节 / 51

　　永远不会告诉你 / 53

　　遗失的温度 / 55

　　眼睛里的翅膀 / 58

　　融化掉的冰激凌 / 60

　　孤单的路人甲 / 63

　　仰望天空的角度 / 65

　　第一根棒棒糖 / 67

生活，不能忽视的细节 / 69

　　从手指缝里看天空 / 69

　　井底的快乐 / 71

　　碗里的快餐面 / 74

　　刺目的阳光 / 76

　　一张便利贴 / 78

　　闭上眼，听听心的声音 / 81

　　一个人慢慢走 / 83

　　微笑是天使遗落的翅膀 / 86

　　给自己一个理由 / 88

　　我很快乐 / 90

成长，让自己越来越优秀 / 93

　　每天的第一课 / 93

　　老师的右手 / 95

男人的约定 / 97

加油，我能行 / 100

如果不能飞 / 102

没有原谅 / 104

口袋里的硬币 / 106

天使在歌唱 / 108

空白试卷 / 111

闪亮的大拇指 / 113

爱好，悄悄影响着我们的人生 / 116

抽屉也有思想 / 116

如果笔筒知道 / 119

原谅我的不辞而别 / 121

口袋里的秘密 / 123

遥远的星辰 / 126

陌生人的明信片 / 128

放纵的疯狂 / 130

书签的故事 / 133

饭后茶香 / 135

那年 16 岁 / 137

梦想，把世界装进口袋 / 140

恍惚的季节 / 140

飘走的云 / 142

你是我的小苹果 / 144

学会松手 / 146

花开的声音 / 148

11 路公交车 / 151

安静地听完一首歌 / 153

一个人的晚修课 / 155

记得说早安 / 157

岁月静好 / 160

自由，是一首属于自己的诗歌 / 163

做自己的偶像 / 163

心在飞翔 / 165

我不孤单 / 168

顺时针的方向 / 170

老树也明白 / 172

青石板的街道 / 175

没有理由 / 177

许是尘埃 / 179

流年的琐碎 / 181

恋一处风景 / 183

责任，悄悄见证我们长大 / 187

人生没有偶然 / 187

离回忆很近 / 189

沉睡在梦中 / 191

只有等待 / 193

喂养一朵花开 / 195

清醒在水湄 / 198

为心留白 / 200

几口杜康 / 203

一处闲庭 / 205

我们总会长大 / 207

亲情，永远无法跨越的一条河

很多年以前

“很多年以前，我们是什么样子?”

初次见到东子的时候，他问了我这样一个问题。

那是午餐时间，我和他坐在食堂的雅座里。说是雅座，其实只是和大厅隔着一层薄薄的木板。嘈杂的讲话声、走路的踢踏声、放纵的笑声，间隙还夹杂着碗碟轻磕或是大口喝汤的声音，一清二楚。

我全然没有想到他会以这个问题作为开端，颇有些意外地看着他。

他没有回避我的目光，很淡定地放下筷子。“那时我 10 岁吧，家里来了一个客人。我正好新买了一个弹弓，于是拿出来显摆，结果不小心把一个纸团射到了客人的茶杯里。爸爸当着客人的面，狠狠地打了我。”他低下头，身子前倾，指着贴近左侧额角的发根，“撞到了门框，出血了，缝了两针。那之后，我和爸爸的关系就疏远了。”随即他就纠正：“我真的没有因为这件事恨他，但是就是不想和他说话。”

我对东子的了解不多，他是一个时常挂着谦和的笑，安静又内敛的男生。我没想到，他的记忆里竟然藏着这样一个故事。

"觉得他伤害了你的自尊?"我问。

"或许。"

我停顿了一下,试着控制了一下节奏,然后问他:"他经常主动找你说话吗?"

"会,但是很烦躁,我不喜欢。"他挠了一下头,"可能你不能明白这种烦躁,不太好用语言来形容。"

我轻笑。我懂。

我也有过这样的时光,那时我也十来岁,骑新买的自行车出去玩耍摔了一跤。妈妈赶来,第一句话就是"你怎么这么不小心,刚买的车!"那之后很长一段时间,我很失落,难道在妈妈的眼里我还没有一辆自行车重要?

"那后来呢?"东子问。

"后来有一次,我被老师留在学校背英语单词,回家的时候,天已经快黑了,拐进小巷子的时候,妈妈正好出来找我,我们撞在一起。没有责怪,没有抱怨,她只是叠声追问有没有摔疼。不过站起来的时候,她又开始心疼自行车了。"我挑眉,"她说你怎么就老让自行车摔倒呢。瞧,整个事件中她都没有说一句自己摔疼了没有。"

我认真地看着东子,接着说:"很多年以前,我们是他们的孩子,我们的记忆里装了一些让我们失望的东西,但是这些失望可能只是我们自己给自己的一种错觉。很多年以后,我们仍然是他们的孩子,我们现在经历的这段人生也会成为我们的记忆,记忆里还是少不了他们的影子。所以,我们要做的,不是去追究某件事的对错,也不是揪着某件事不放,而是静下心认真想一想过去。"

隔了三天,我接到了东子的电话,他愉悦地对我说:"仔细想想,当年那件事之后,最伤心的人其实是爸爸,去看医生的时候,他都哭了。我还记得一次我们几个同学去爬山,回来的时候搭乘的公交车坏了，到家的时候，他站在楼下焦急地转圈。"接着，他又不好意思地补充道："你说我一直记挂这件事，是不是只是我叛逆的一种借口？"

我握着手机笑了起来。

我不知道"叛逆"这个词是从哪一天开始用来定位孩子的，但是没有一个孩子是天生叛逆的。同时，我们也不能否认，叛逆是把双刃剑，叛逆大人的同时也在伤害自己。

那是一个长大的过程，有痛苦，但并不可怕。我们可以试着让自己的心静下来，好好地想一想自己一路走来的历程。

记忆这东西吧，有的时候就是狡猾的小怪物，会放大那些对我们不好的人或事，又会在不经意间抹去别人善待我们的细节。我们不妨把这当成游戏，有一天当你从记忆里找出很多积极开心的事情的时候，你就真正长大了。

很多年以前，我们只是不懂事的小孩子。

为你撑起的伞

《来自星星的你》热播之后，办公室的小丽总会感叹："都教授的眼睛太美了。"有时，她会忍不住问我："你见过这么美的眼睛吗？"

我见过，甚至我觉得，这可能会是我这辈子见过的最美的眼睛。

那年夏天，临时起意，我拿着包从上海坐上了去郑州的航班，但终因季节不对，不管是洛阳还是开封，都没有找到那种贴近灵魂的震撼，无聊回返，因为时间充裕，选择乘坐火车。

他就坐在我的对面，一个十五六岁的男孩，消瘦，拘谨，习惯性地垂着眼睑。即便借道走过，他都会带着腼腆的笑，轻声说："对不起，让一让，好吗？"

怕生、拘谨的孩子在学生中也占有一定的比例，这只是缺少生活历练引发的某种生活习性,本身谈不上是缺点或优点,所以倒也没引起我的关注。

引起我关注的是他的母亲。一路上,我听得最多的就是母亲对他的责骂:"没看到水杯里没水了啊?"再不就是:"把你的包拿开一点,碰到我了,不舒服。"

很难想象,这是一个母亲对儿子说的话,话中透着粗俗拙劣。当然为了避免男孩难堪,整个过程我都在佯装看书,假装什么都没听到。

这种模式相处几个小时后,男孩显然发现了我的刻意为之。趁着他母亲去厕所的机会,小声地对我说:"谢谢。"说完指了一下我手里的书,说:"你好久没有翻页了。"

我尴尬地笑。话说到这个份上,我也不想再虚假地找理由搪塞了。想了一下,干脆把书放了下来,耸了一下肩,用幽默的语气说:"我有恐母情结,怕妈妈骂我。"

他慌忙摇手。"对不起,我妈妈是有些不好的习惯。但是,她以前不是这样的。"他的脸涌上一股潮红,"她以前很温柔的,说话都是小声小气的。现在只是因为生病了,所以才有些慌乱和急躁。这次我就是陪她去上海看病的,她的病好了,她就又会回到以前的样子了。"像是怕我不信,他再一次重复道:"很快,她就会恢复成以前的样子。"

因为他的母亲回来了,话头就此打住了。

不过因为有了他的"袒护",我对这位暴躁的母亲产生三分好奇。等孩子去倒水的时候,我主动和她打了招呼。

她警觉地看着我。

我淡淡一笑,说:"刚才你的孩子对我说,以前的你很温柔,现在你生病了,有些变化,等病好了,你的温柔又会回来了。"

她若有若无地哼了一声,没有说话。

孩子回来的时候，她往里挪了一点点，想说话，表情却僵硬着，最终什么也没有说。

我试着和孩子聊天，一开始话题有些刻意，比如几点会到上海，比如上海的天气怎么样。但慢慢话题改变了。他突然对我说："你一定是个很有文化的人。"

"为什么这么说？"我问。

他指了一下我手里的书，说："现在看纸质书的人不多，《品三国》也不是所有人都喜欢看的，至少得了解三国的人物和关系。"

我的好奇心被勾起来了。"按你的说法，你应该看过《三国演义》，并且比较喜欢这类书籍。"

他点头，不过随即又摇头，偷偷看了一眼他的母亲。"妈妈不喜欢的，所以偶尔我会在学校借一些看看。不过老师也不太喜欢我们在课外书上花费太多的时间。"

他的母亲突然接口："偶尔看一些，也是可以的。"

男孩一愣，有些难以置信地看着他母亲。她没理会他的目光，侧过脸，紧挨着侧壁闭上了眼睛。但是他还是欢呼雀跃地叫了起来："谢谢妈妈！"

我带着笑看向他，却被他眼里突然爆发出的光亮闪了眼。

清澈、坚韧，充满勃勃生机。

一眼定格。

他的母亲当真睡着了，他怕空调凉，轻轻地给她披上了一件衣服。做完这些坐定后，他轻轻叹了一口气，说："其实有的时候我也会埋怨妈妈。但是只要想到小时候，她给我撑伞时，宁愿自己淋湿，也总把伞倾斜到我这边，我就舍不得继续埋怨。我知道她是爱我的。"

还有什么比能够发现爱的眼睛更美丽的东西呢？我看着他，舒心地笑了起来。

这个世界有很多我们无法预知的变迁，我们要有足够的理由相信，父母是最爱我们的人。

不曾说的秘密

很多时候，我们眼里看到的并不是真相。在你看不见的地方，父母的爱更为浓烈。

我认识一个母亲，急躁，直性子，不懂委婉，有什么说什么。她原本在一个厂里做会计，不经大脑的话把领导得罪了，成了下岗工人。接着，借着亲朋好友的关系，她在一所小学里开了一家文具用品店。没过两年，她又把校长得罪了，只得又拍拍屁股走人。后来，她又零星找过几个工作，几乎都是因为火暴的脾气，最后万分委屈地离场，过上了家庭主妇的日子。

对于家底殷实的人家这不算什么，但是对于普通人家，减少一份工作收入，经济就会成首要问题，看得见的变化就是晚餐从三菜一汤压缩成两菜一汤，而且鱼鸭虾肉上桌的概率降低了不少。

经济矛盾一出现，家庭矛盾也跟着出现。三天两头都能听到那位母亲扯着大嗓门嚷嚷，不是抱怨孩子学习不认真就是指责丈夫不会挣钱，总是不厌其烦地把不开心的事情从头到尾翻晒一遍。

当时孩子在读高一，学业虽然不是很冒尖，却有一定的绘画天赋。如果能认真地从天赋入手，对他的将来一定有很大的帮助。那时，学校正好有美术班招生，他很想进这个班，系统正规地去学一下绘画，但是到家，看着桌上的菜，感受着家里压抑的氛围，想法再多也只能咽回去了。

母亲始终是母亲，在旁人眼里，她可能一无是处，毫无优点而言，但是，她却一眼就看出儿子有心事。

她偷偷给老师打了一个电话，老师就把学校开设美术班及孩子学绘画的理由和有利的方面系统地对她作了一番陈述，当然也没有回避不算便宜的费用。

她握着电话慎重地说："我要好好想一想。"三天后，她拿着钱找到老师："钱我来交，但是决计不要告诉孩子是我交的钱。你就说这是学校对他天赋的肯定，决定免费培养他。"那是她一生中很少的小嗓门，多少还带着一点乞求的味道。

那之后，她加入到钟点工的队伍，嗓门还是那么大，每天还是那么唠唠叨叨地说一堆。她就用这些钱偷偷填补着孩子需要的费用。

我认识她的时候，她在钟点工行业已经小有名气。因为她的儿子在一次全国比赛中渐露头角，被一个大师破格收为弟子，她逢人就用她的大嗓门说谁谁是她儿子。不管是知道这个谁谁谁的，还是不知道这个谁谁谁的，都会产生三分羡慕。但是在被羡慕的目光洗礼之后，她就会有那么一点点不快乐。

"儿子很少和我通电话，他不太喜欢我。"

因为从老师那里知道老师与她有那么一次对话，所以我有些好奇地问她："当时，你为什么要让老师那么做呢？如果你亲自把钱给孩子，他对你的态度肯定有所不同。"

她扑哧一声笑了起来。"我告诉他，钱我们出，孩子自然高兴，但是这种高兴会夹杂着很深的内疚。我们这家境，他花这钱也会心神不安。相反，老师告诉他免费培养他，那是对他天赋和才能的肯定，会激发他争取更大的进步。不过，看到他现在这样我已经很满足了。"她拉了拉身上的衣服，"虽然他不大愿意和我说话，但还是蛮孝顺我的，经常偷偷向他爸爸打听我现在的情况。瞧，身上的衣服还是他给我买的。"

"那么你准备把这个秘密告诉他吗？"

她反问我:"知道真相重要吗?"

此后几天,我一直在想她的问题,想着想着突然自己笑了起来。每个父母都在背后支持着自己的孩子,只是很多时候,我们没有看到而已。

最想说的一句话

如果让你对父母说一句心里话,你最想说的是什么?

那是学校推出的月活动,主题是:最想对父母说的话。

初三(一)班的教室里,同学们一个接一个地站起来回答。有的说:"爸爸,你能不能不吸烟了?"有的说:"妈妈,你能不能不打牌了?"有的说:"爸爸妈妈,以后我不再偷偷去网吧了,会听你们的话,好好学习。"……

我拿出笔,在笔记本上有一画没一画地胡乱涂鸦着。坦白讲我不太喜欢这样的活动,因为这样的活动本身缺乏温度,操作起来太像活动了。但是,因为这次活动的发起者是我当年的老师,所以,我还是带着笑,安静地坐着。

就在我计算着时间,合计着多少分钟后我可以离场的时候,一个同学站了起来,他说:"妈妈,你穿着旗袍更漂亮!"

在同学们的哄笑中,我看向这个男生,他的唇抿得紧紧的,没有再说话。

我笃定地断定,这句话肯定隐藏着某个故事。而那个故事,很有可能是我感兴趣的。所以,下课之后我找到他,告诉他我想知道这个和旗袍有关的故事。

但是,他拒绝了我。他说:"在你看来,这是一个故事,但是对我而言,这不是故事,而是我妈妈对我的爱。"

我竟然不知道该说什么,接着哑然失笑。

他也跟着笑了起来。

最终他还是跟我讲了他妈妈的故事。

自习课,学校偌大的图书馆,空荡荡的只有我们两个人。

"我的爸爸妈妈在我六年级的时候离婚了,妈妈坚持由她来抚养我。离婚前,她一直是个贤惠的女人,每天做一桌可口的饭菜,把地板擦得光亮得可以照人。但是她忽视了把自己也打理得光鲜照人,终于被其他女人乘虚而入,抢走了爸爸的心。"

他的手指没有节奏地在桌面上敲击着。"我一度很憎恨我的爸爸和我的妈妈。恨爸爸不顾及我的感受,恨妈妈不能留住爸爸。但是随着年龄增长,我知道这种恨原本就是建立在爱的前提之下的。"他看向我,"你猜,我现在常想什么?"

"什么?"

"想起妈妈当年的一张旗袍照,真漂亮。"他收回敲击桌面的手指,别扭地放到桌下,"那么漂亮的妈妈为什么要为一个家所累,为什么要为自己的儿子所累?她有漂亮的权利,有拥有幸福的权利。我想让她找回自信,找到属于她的幸福。"

我没有说话,学着他之前的样子敲击着桌面。

走的时候,我送给他一本书,扉页上写了一行字:因为有你,这个世界才如此美丽!

我把这次对话一字不漏地转达给了他的妈妈,这个注重生活细节、一直一丝不苟生活着的女人竟失控般地哭了起来。"我一直以为我失败的婚姻会带给他巨大的心理阴影,所以我一直努力地扮演着幸福的爸爸妈妈的角色,却从没想过,他会站到我的角度看到我不曾看到的问题。"

有一天我们都会长大,会为人父母,会用包容慈爱的目光纵容孩子们的错误。那么，在这之前的这段短短的时光里，我们是不是也可以把我们的目光停驻在我们的父母身上？他们不弱小，但是也有他们脆弱的地方。我们是不是可以用我们的方式给他们最大的安慰？

离开那位妈妈的时候，我的心情很轻松。我相信如果下次我有机会见到她的话，她一定是个穿着旗袍、烫着时髦发型的女人。更重要的是，她很快乐。

一个拳头的距离

见到徐子牧的时候，我几乎觉得我得到的信息是错误的。

高挑的个子，略长的短发，白皙的皮肤，好看的单眼皮，嘴角带着浅浅的笑，怎么看都是个俊秀的男生，着实很难把他和打架斗殴的暴力男联系在一起。

"你喝什么饮料？"我递过奶茶店提供的茶类清单，很自然地借着放手机的动作，侧身打开身边的包。

我喜欢坐临窗的座位，因为可以借着玻璃，观察似有似无的那个影子。比如，现在的徐子牧。

他没有太多额外的动作，目光落在单子上，很内敛。"原味的珍珠奶茶就可以了。"

我坐正，打了一个手势，叫服务员点了饮料。接着，整个等待的过程中我都没有说话。他不安地更换了两个坐姿，也一直没有说话。直到奶茶上来，他吮吸了一口，才含笑低语："你一直不说话，我会很紧张的，有什么问题你就提问吧。"

我跟着笑了起来。"说实话，你和我想象的有点不一样，你现在给我的感觉就是一个邻家小弟，单纯又温暖。"

"可以的，我可以一直做你那个温暖的邻家小弟。"他萌萌地伸了一下舌头,"其实我也一直向往做一个温暖的人,真的,比你想象的更迫切。"

我望向他,说:"但是我听说你很喜欢打架。"

"不是喜欢打架,只是……"他改变了一个坐姿,"我也不知道应该怎么说。爸爸妈妈做一点小生意,很忙。小时候我一直住在外婆家,生病发烧什么的,他们从不过问,只有外婆抱着我、陪着我,带我去医院。我难受的时候,她陪着我哭。我一直觉得外婆是我唯一的亲人。上小学的时候,爸爸妈妈坚持接我回来,把我送进了一个全托的学校。我很不习惯。我故意摔跤,故意装病,都没能把爸爸妈妈骗到学校,倒是有次打了一个小朋友,爸爸急急忙忙地赶来了。那时,我就想,原来见爸爸这么容易啊。"

他露出一个很夸张的笑容,接着说:"然后就像你知道的那样,我一直不停地打架,从小学打到初中,再打到高中。当然,我也不停地挨爸爸的打,从小学到初中,再到高中。我习惯这样的生活,甚至觉得这样也蛮好的。所以,姐姐,你不要试图改变我。"

突然,我感到有些心酸。"你这样快乐吗?"

他皱着眉认真地想了一会。"我觉得那时和外婆在一起生活的时候最快乐了。"

"现在还常跟外婆联系吗?"

"没有了,外婆记忆力出现了问题,所以被送去养老院了。"他双手合在一起吹了一口气,"上次我去看她的时候,她都不认识我了,却一直嚷嚷小牧怎么不来看我。"

那天直至离开,他都是那副轻轻浅浅的模样,但是我的心是酸涩的。

我对他说了一句话,我说:"我有点理解你的做法了。但是拳头永远是衡量不了亲情的,它只会让渴望走近的心灵越来越远。"

从座位上站起来的时候,我没有向他道别。

我把徐子牧的话讲给他的班主任听的时候,他的表情万分惊诧。"你说他打架闹事只是为了引起父母的关注,只是一种渴盼亲情的表现?"

我没有再参与这件事,一个人的心结不是别人的几句话就能打开的,我能做的只是点到为止。

其实说实话,我在键盘上敲击这个故事的时候,心情还是有些沉重。孩子是父母生命的延续,本不该有太多的隔阂。但是交流少了,孩子的心头住着父母都不知道的故事,这些故事就会慢慢演变成不容忽视的硬伤,一不小心就会碰得鲜血淋漓。

有一句话叫作:山不向我走来,我就向山走去。或许你没有听说过这句话,或许你忘了这句话。那么,在我今天重提之后,我们是不是可以把抱怨收回去,做那个可以率先迈开腿的人?

这个世界需要热情,亲人之间亦是如此。

从窗口望下去

之前,他有些瞧不起自己的母亲。

在他眼中,母亲不会打扮自己,没有高学历,人前不会慷慨陈词,木讷胆小。但是,经过那个细微的事情之后,他却发现母爱与母亲本身的修为是没有关系的,她的存在,就是为了孩子更好地活着。

男孩叫宋宋,有些瘦小,不太爱说话,唯一的爱好是画画。每个周末,他的母亲都会送她到一个当地有些名气的老师家里学习漫画。

一开始老师并不看好宋宋,又因为报名学习的孩子很多,便婉拒了。母亲唯唯诺诺地重复:"他喜欢画画,您就收下吧。"

宋宋看不过她低微的表情,很想挺直脊背高傲地离开。但经不住母亲瞥来的恳切的目光，只得低头顺目地站着。最后，老师退让了，答应让宋宋试学一段时间，看看表现。

这一学从小学五年级，一直坚持到了初三。

初三那年，母亲和往常一样，把他送到老师的楼下，他抱着画纸跑向楼梯。老师家在五楼，以往他总是蹦蹦跳跳地直上五楼。但是那次爬到四楼的时候，他突然听到外面有小狗的叫唤声，便忍不住停顿下来，从楼梯口旁边的窗户望出去，这一望就看到了母亲。那个她一直瞧不起的女人，推着电瓶车站在楼下，眼巴巴地往楼上看着。母亲显然没想到宋宋会突然从窗口把头探出去，动作不自然地拧过电瓶车的龙头骑上走了。

宋宋说："你无法体会我当时的感情，那个我一直视为可有可无的人，竟然在我不知道的地方，一直默默地重复着一件毫无含金量的事情，而这种看似异常简单的事情缺了爱是不能完成的。那时我才明白，她有多爱我，我是多么幸福。"

我有些唏嘘。我想起了另一个孩子，也是一个男生，成绩不错，读高二。

他对我说，他班上很多同学的父母是老板或公务员，他的父母只是小厂职工。每次开家长会，那些孩子即便成绩不咋样，但是家长都衣冠楚楚、侃侃而谈、风趣幽默，再反观自己的父母，脸上的表情僵硬着，穿廉价的衣服，手不自然地搭着，不知道怎么摆放。这个时候，他就会产生强烈的自卑感。他说只要老师不是强烈要求，他就不愿意让父母来参加家长会，他觉得自己的好成绩在父母出场后就变得暗淡无光了，父母让他自卑。

我对他讲了宋宋的事情，我说："你有没有想过，你的父母可能比你更自卑，他们可能也在为家长会上没有为你争脸而难过？在你眼里看到的种种不完美，可能已经是他们能达到的最好的程度了。"

很多时候，我们习惯放大我们的不满，把自己的父母和别人的父母作比较，别的孩子的父母给他们创造了什么样的机会，给他们见识了多少我们不能见识的场面。我们觉得命运不公，为什么命运就没有给我们能让我们足够自豪的父母。在整个抱怨的过程中，我们就差一个从窗口望下去的动作，就在我们原本忽略不见的地方，有人却静静地站在那里关怀着我们。

当你看到这个情景的时候，你就会如宋宋一样明白，父母的爱是没有贫富之分的，他们都在以他们最大的力量关怀爱护着自己的孩子。是的，那是他们的极限。他们把极限给了你，你还有什么资格去抱怨呢？

我们要做的是珍惜这份爱，回报这份爱，而不是忽略这份爱，践踏这份爱。这是对父母的尊重，更是对自己人生的尊重。

从窗口望下去，更能看清爱的细节。

最大的幸福

有时候，我也会问自己幸福是什么。

幸福是阳台上的一张躺椅，我悠然地坐在上面，什么也不用想；幸福是照射到阳台上的阳光，带着固有的温度，给我别样的温暖；幸福是飘在空间里的音乐，融在我的世界里，轻柔愉悦；幸福当然也是水杯里的柠檬片，若有若无地飘着香味……但是，今天当这个满脸胡楂的男人问我什么是最大的幸福的时候，我却哑口无言。

他是一个建筑工程师，有两个孩子，一个是和前妻生的儿子，另一个是现在的妻子带过来的儿子。

"我的前妻是很优雅善良的女人，可能因为我不够优秀，所以她选择了另一个更优秀的男人。我和我儿子很理性地交流过这个问题，所以他能理解她的母亲，于是我也就理所当然地认为他也能接受我再婚的决定。从没想过，他是打心眼里反对我再婚的。这是我现在这段婚姻的一个阴影，另一个阴影是两个儿子水火不容。出去吃饭，一个点清淡的，另一个绝对点超辣的。逛商场一个买上衣，另一个就肯定会买裤子，而且不是看自己喜欢的款式买，哪怕不穿也要找价格不相上下的。"他苦笑着抽出一根烟，征询了一下我的意见，待我认可后，才点燃了烟。

坦白讲，我认为他是一个很有修养的男人，所以我相信他故事的重点绝不是在抱怨上面。果然，他突然话锋一转："不过也有高兴的事情，我生日那天，他们兄弟俩都给我准备了礼物。因为我的生日在冬天，所以一个准备了围巾，一个准备了手套。我真的很高兴，当时我想他们兄弟俩肯定是商量过的，否则不可能这么巧正好凑成一套。"

他深深吸了一口烟。"我乐观地以为，只要我们用心，他们兄弟俩的关系迟早会改善。但是没多久，老师给我打电话，说我的儿子写人物，写的是他弟弟，把弟弟写得粗俗不堪。这就不是一篇作文的问题，而是家庭问题了。我和我的妻子很重视这个问题，就去另一个儿子的学校了解情况，一了解才知道，几乎和他有接触的同学，都知道他有一个恶哥哥。"

他苦笑一下，接着说："决定再婚，有我们自身的原因，但这个原因是微乎其微的。最大的原因是我们两个人都想给孩子找一份依靠，不想孩子在不健全的家庭中长大，只有爸爸，或只有妈妈。甚至在婚前，我们就两个孩子的未来作了初步的规划，却不曾想我们的婚姻只给孩子带来了烦恼。我们试过很多方法，聊天开导啊，找老师同学帮忙沟通啊，但收效甚微。现在已经完全不知道怎么办了。其实我要求的真不多，于我而言，最大的幸福就是他们兄弟俩能友好地相处。我始终不明白他们可以和其他毫无关系的人和平共处，为什么就不能对自己新家庭的兄弟友好一点呢？"

我无法回答他的问题。

在孩子们的想法中，父母重组家庭，只是为了他们自己的幸福。为孩子只是他们组建家庭的一个借口，他们憎恶这样的借口。所以，他们急需发泄这种不满，而总有人要被无辜地牵扯到这份愤怒中。

其实，亲爱的孩子，就算父母重组家庭的目的仅仅为了他们自己，我们又有什么权利去憎恨呢？他（她）可是我们的亲人，我们怎么可以让自己的坏情绪破坏了亲人的幸福呢？

只要轻轻后退一步，在成全他们的同时，也能成全自己，更重要的是能成全自己渴盼幸福的那颗心。那又有什么不可以呢？

有的时候，最大的幸福是轻轻地往后退一小步。

只是你不知道

"苏洪是我领养的孩子。"

苏洪妈妈告诉我这个消息的时候，她刚做完胆囊手术在病房静养。那时，我的爸爸正好也因为胆囊炎在医院治疗，在要不要接受手术治疗这件事上，我想听一听做完手术之后的病人的意见。所以，我去找了她。

谁知刚推开病房门，她率先叫出了我的名字，我一惊。

她笑了。"你是我儿子的偶像，我见过你的照片，也经常听他提起你。"她急忙从枕头底下摸出一个钱包，打开，里面放着一张照片，是一个十六七岁的男孩。"这是我的儿子，苏洪。前一阵他的一篇作文《我的妈妈》在全国中学生征文比赛中获得了一等奖。"她满心欢喜地抚摸着照片，"我也不知道我前世到底做了什么好事，竟然修到了这么一个懂事的儿子。"

我懂一个母亲的心理，很真挚地表达了我的祝贺。

她的表情突然阴沉起来。"他把我说得那么好，却不知道我对她掩藏了一个天大的谎言。其实，他不是我亲生的，而是我领养的孩子。"

我没有接口说话，安静地在一旁的椅子上坐了下来。

"我的身体一直不好，我告诉他那是我生下他后急于工作，没坐好月子，留下的后遗症。我那么说一方面是因为我不安，怕他发现他不是我亲生的会冷落我。另一方面是想让他感恩于我，不叛逆，顺从我。他认为我的身体是因为生他才会这样，他亏欠我，所以，他一直比同龄人懂事，很听我的话。差不多大的孩子还吵着要爸爸妈妈喂饭的时候，他已经站在小凳子上给自己盛饭了。我很高兴，但是这种高兴却让我害怕，怕有一天一觉醒来，发现他所有的这些好只是给他心目中的亲生母亲的，哪天他知道了真相，会唾弃我，离开我。"

"你有没有因为他不是你的亲生儿子而忽视他或是有不尽心的地方？"

她急切地说："那怎么可能，我是因为喜欢他才收养他的啊。从把他抱入怀里的那刻起，我就把他当自己的亲生儿子了。"

"既然你是把他当自己的亲生儿子抚养的，有这份心在，和亲生母亲又有什么区别呢？"

她迟疑一下。"少了十月怀胎的过程，而且没有血缘关系。"

我慢慢补充："其实这些还不是全部，还有很重要的一点是你认为他对你好、孝顺你，是因为你体虚。你有没有想过，他孝顺你，无关其他，仅仅是因为你把他带大，你是他的母亲？"

我停顿了一下接着说："你说的理由只是你以为的理由，并不能代表孩子的真实想法。有的时候，我们看问题的角度要适当地更换一下，不要你以为什么就是什么。那样你会轻松许多。"

晚上,那个叫苏洪的男孩跑到我爸爸的病房来找我。

"妈妈把所有的事情都告诉我了,她不知道其实我很早就知道这件事了。这种事怎么能瞒得住呢?"他的眼有点红。

"知道的时候为什么没有去问妈妈?"

"妈妈不告诉我肯定有妈妈的理由,我就等,我想有一天她会告诉我的。而且我相信,总有一天她会相信我是打心眼里爱她的。"

我走上前,给了他一个大大的拥抱。

我们不能要求父母尽善尽美,有的时候,当我们发现我们的父母和我们了解的有些不一样的时候,不要轻易就去质问。我们要学会给彼此一点缓冲的时间,这样就会发现,爱比那些所谓的真相要重要得多。

很多时候,眼睛看到的真相都可以忽视,我们要听从内心的声音。

等你回家

他决定离家出走,很大程度上是因为他的父亲。

他的父亲有一个恶习——好酒。他家开着小超市,生意什么的都是他母亲打理。他父亲纯粹就起个商标作用。别人问:"你这东西这么便宜,哪里买的啊?""哦,酒鬼那边。"

对的,他的父亲是出了名的酒鬼。

每天早上,他的父亲都会去市场买两个鸭脖子,然后坐在超市前,就着鸭脖,喝一天酒。

如果就那样,他也能接受,问题是父亲还会三天两头地喝醉,每次喝醉之后,就上演打老婆的剧情,围观的人越多,他就闹得越凶,劝架的人越多,他就越起劲。唯一能控制这种局面的人是他。

第一次他抢过酒瓶狠狠摔下去的时候,沉溺在酒香中的男人一下就蔫了下去。那时，他才12岁。

他一天天长大，日子就这样延续着。父亲喝酒，喝完酒打母亲，他砸酒瓶，父亲酒醒，父亲向母亲道歉、哀求，并发誓以后再也不会这样……但是闹剧仍这样一次次重演。

很多人问他的母亲，为什么不离婚，那个坚毅的女人说为了儿子。他小时候她这么说，他长大了她还这么说；背着他这么说，当着他的面也这么说。听得多了，他觉得他成了母亲的累赘，甚至觉得他活着就是一种罪孽。

有一天，他偷偷发誓，如果下一次父亲再对母亲动手的话，他就离家出走，不再回这个让人生厌的家。

那一天来得很快，闹完之后，他没有睡觉，安静地等到凌晨。天蒙蒙亮的时候，他走了出去。

他搭车到了一个完全陌生的地方，怀里揣着不多的几张票子，躲在冷清的桥洞里，看不到未来的路。

警察找到他的时候，已是13天后。他痛哭，嚷着不要回去。

年长的警察答应了他的要求。"现在我送你回家看一看，如果你执意再走的话，我送你走。"

车在距离他厌倦的地方七八十米处停下。他坐在车里，整整两个小时。他看到那个他异常痛恨的父亲右腿裹着石膏，抱着拐杖乖乖地坐在超市门口，一动不动。超市挂着停业休息的牌子。他没有看到母亲。

"你的父亲看到你离家出走的纸条后，他酒没醒就急着去找你，不小心从电瓶车上摔了下来……现在他天天坐在这个地方，等着你回家。你的母亲经不起你离家出走的打击，现在还躺在医院里，每天哭的时间不少于三小时。"老警察意味深长地看着他，"我们了解你家的情况，也了解你的心情。你可以选择不下车，但是孩子，你有没有想过,你父亲酗酒于家人是一种伤害,那么你的离家出走难道不是另一种形式的伤害吗?"

他颤抖着打开车门,走了下去。

这个故事是饭桌上听来的,后续的情节无从探听,所以没有后来。但是我觉得已经够了。

一家人之所以称一家人,就是一个完整的整体,只要其中的一个出了状况,整个家就会跟着混乱。所以,万一我们家里不小心已经有了一个容易频繁出状况的人,我们就不能再添乱。

添乱不能改变什么,我们要做的是如何冷静地去看待这件事情,如何从根本上改变这一切。即便再难,也要学会承担作为家庭一分子的责任,而不是去逃避,不是将自己置身事外。

其实怎么可能置身事外呢?家门口有人在等你回家,走再远他们的目光就能跟出多远,缠缠绕绕能牵系一辈子。

所以,还是静下心,耐心地用爱创造一个奇迹。

不会哭泣的骆驼

即使现在,苏挺在老师眼中仍是一个奇迹。

用世俗的眼光去评论的话,苏挺绝对算不上一个好学生。小学六年级就学会了吸烟,半夜从家里跑出去泡网吧。上了中学后更是变本加厉,距离他一米之内就能嗅到若有若无的烟味,家庭作业不是早上到学校抄一下,就是威胁同学代做一下。老师找他谈话,他视若无睹。所谓的检讨也是旁人在网上代他摘抄。

他总是以他的方式一而再再而三地触碰老师的底线。老师发怒他就退,老师妥协他就变本加厉。

有一天,因为一个同学不愿给他做作业,他直接用砖头砸了过去……那次老师意外地平静,把同学送到医院,安抚了一下受伤的同学,然后就拨通了苏挺父亲的电话。电话中,他告诉苏挺的父亲,苏挺把其他同学砸伤了,孩子目前的表现很让人失望,学校可能会对其作一定的处分。

当时,苏挺的老总老爸还在谈判桌上。

他察觉到事态的严重,挂断电话,果断从座位上站了起来,郑重地鞠了一个躬,向前来有意向合作的伙伴道了歉,主动放弃了这份令很多企业眼红的项目。随即他赶到医院,在同学家长犀利的指责中,流着泪跪了下去。同学家长的泪也流了下来。

他以他的方式获得了同学家长的原谅。

之后,圈子里有很多人评价这事,说他溺爱孩子的有,说他教子无方的有,说他博取同情的也有。他都没有反驳。

倒是有次我提及这事的时候,他才说了真相。

他说:"我是一个父亲,只是我一直没明白,一个父亲最大的成功不是事业,而是培养一个优秀的孩子。所以,这个错误原本就是我的,我应该为我的过失赎罪。"

他开始缩小公司的规模,此后每个晚上,即便再忙,他也会放下手头的工作,陪儿子做作业,和儿子一起读半个小时的课外书。

一开始,苏挺很抵触这种超级形式主义的做法,他故意把茶水倒在地上,或者故意高声朗诵,但是苏挺的父亲不为所动。苏挺又故意拿不会做的难题刁难他,他就傻兮兮地开着电脑,不会的就在网上求助。

一个月过去,苏挺偶尔会静下心看一会小说;两个月过去,苏挺偶尔会讲一些书中看到的内容;三个月过去,苏挺爱上了看书。

他看着儿子一天天的变化,他的眉舒展开了。他说,想让一个孩子改变,变得积极,变得有追求,那么就给他看正能量的书。书绝对能改造一个人。

苏挺终于步入了正轨,成绩也从班级最后几名,飞速向上攀登,班级前30名,前20名,前10名,前5名……到后来,是年级组前10名,最后被清华大学录取。

高中毕业典礼的时候,苏挺作为学生代表讲话,他说这辈子他最崇拜的人就是他的父亲,在他的心目中,他就是一头不会哭泣的骆驼,哪怕身处沙漠,他也会拼尽所能找到绿茵。

直到现在,苏挺都不知道当年因为他的冲动,他的父亲——那个在商场上打拼多年的硬汉,流着泪下跪的事情。

很多时候就是这样,父母因为我们承担下的屈辱、委屈、无奈、失落,我们都不知道,我们也不知道父母究竟为我们做了多少。我们理所当然地享受着父母给我们带来的一切,却忘了去体恤、去安慰、去感谢。

不会哭泣的骆驼也有哭泣的时候,父母脆弱的时候,我们是不是也能有这份心为他们承担一些?

那是我们需要思考的,也是接下来我们要去做的。我们就是这样一步步长大成熟的。

✳ 友谊，不得不说的故事

寂寞的船

青春期很大一部分的寂寞来自于自卑。

因为年轻，我们还不能正确地分辨自身的优点与缺点，总会放大自身的缺点，成绩不好的同学就认为自己脑子不灵光，脸上长痘痘的就认为自己是丑男，不会穿衣打扮的就认为自己是土包子……

所以，小六说他是被世界遗忘的寂寞男孩的时候，我一点不惊讶。

小六个子不高，脸庞偏小，同学们开玩笑地给他取了一个绰号叫大师兄。本意当然不是表扬他神通广大，而仅仅是为了突出他孙悟空般尖嘴猴腮的长相。

小六对"大师兄"这个称呼很反感，但是又无从反驳，只能任由同学们胡乱起哄，但是心里很不舒服，所以总是冷着一张脸不去搭理同学。

久而久之，同学们也就不太搭理他了。

他成了班里为数不多的"大光棍"，一个人上厕所，一个人回教室，一个人吃饭，一个人看书……

最先发现他不对的是他的母亲，别的同学的父母去校门口送吃的，总会尾随着一群嘴馋的小伙伴，通常父母刚转过身，孩子们就立马动手瓜分美食。但是，小六的母亲几次送东西过来，都没有发现尾随的小尾巴，难免就惊诧了。

"怎么没有同学和你一起出来？"

"为什么要和他们一起出来？"小六满不在乎地回答。

小六母亲第一个想到的情况是：是不是因为这孩子太抠门，同学们都不喜欢他？所以，周末小六回家的时候，她就灌输为人大方的种种好处。但几周过去，毫无效果。

"你有没有把我说的话听进去？要搞好同学之间的关系，和朋友们分享你的食物是第一步。"她急了，"你这样是不对的。"

"你把我生成这样就对了？"他冷冷地看了她一眼，疾步走了。

她这才觉察到事态的严重。三天后，小六坐到了我的面前。两个人大眼瞪小眼地坐了半晌，我决定还是由我来打破这份宁静。

"你14岁还是15岁？"我重重地叹了一口气，"像你这么大的时候，我很胖。"我用手夸张地比划了一下脸庞的大小。"那时我就想，这个世界上没有比我更丑的女生了，哎，没有人会喜欢我，我注定是没有朋友的人。"

他认真地打量了我一会，开口道："你不胖，刚刚好。"

"谢谢。"我呵呵笑了起来，"其实事实也没有那么胖，可那时就有那么一点小心眼，总觉得自己很胖。只要同学们提到猪啊熊啊之类的词，我总觉得是在影射我。那时，我很少说话，很不自信，老师提问不敢举手，同学跟我玩，总寻思他们这么热情是不是有什么企图？是不是想拉我做绿叶？"

"我也有这样的想法。"他截断我的话题，"我觉得我就是行驶在大海里的寂寞的船，别人都可以结伴而行，但是，我不能。因为我和他们的配置不一样，很容易悲剧地成为炮灰。"

"和我当年的想法真的很像。但是你看，我现在是不是没有成为炮灰？而且现在照镜子的时候，我发现我也不胖嘛，我也蛮漂亮的嘛！"我摆了一个夸张的自恋造型。

他忍俊不禁地笑了起来。

我摆正姿势。"所以，所有的评价只是自己给自己设置的误区。有一天自信了，你就会发现，原来我也可以很帅呀！其实，这仅仅只是一种自我的态度认知问题。"我停顿了一下，"我觉得你吧，现在最需要的是结交一个朋友，而且，我觉得我很适合做你的朋友。"

他大笑起来。

小六和我真的成了朋友，一开始他只有我一个朋友，慢慢地他有了第二个朋友、第三个朋友……第二年过春节，他给我打祝福电话的时候，他大声地叫，遇到我后，他才变得这样快乐。我告诉他，让他变得快乐的不是我，而是友谊。

说那句话的时候，我正站在阳台上，外面的天空中绽放着一簇簇五彩缤纷的烟花。

不要轻贱自己，我们每个人都是从天而降的天使，都有足够的理由快乐。不要轻易放大自身的不足，为自己贴上孤独寂寞的标签，青春拒绝这样的灰色。

8 岁那年

林子一直走不出童年的记忆。

8 岁那年夏天，他和他的小伙伴一起去河里游泳，结果一个小伙伴再也没有上来。

8 岁，是林子一生的分割线。用他妈妈的话说，8 岁之前他是一个人见人爱、一天到晚都挂着无忧无虑笑容的孩子；8岁之后，他的笑容就遗失了，似乎这一辈子的笑容都在8岁之前耗尽了。

我不喜欢这样的故事。在我的内心深处，我还是比较喜欢孩子们在顺境中长大，即使不能太顺，至少也不要背负太沉重的伤痛。但是，这些都不是谁能够人为改变的。

他妈妈来找我的时候，他已经14岁了。经医生诊断，他有轻度自闭倾向。我不认为我有比专业的心理医生更有力的说辞和更好的解决方案，但听到他的事例后，我还是想见一见这个孩子。

"还记得你小时候的样子吗？"

他没有吱声。我从包里拿出几张他小时候的照片，放到他眼前。"这张是你4岁时在午睡，你爸爸偷偷给你拍的。这张是你6岁，和爸爸一起打游戏的时候，妈妈给你拍的。这张是你7岁，学游泳的时候，游泳教练给你拍的。这张是你8岁……"

我盯着他的眼睛，问："很少有人和你谈你8岁的时候，为什么？"

林子抬起眼，愤怒地看着我。

我的语气轻缓了下去。"因为8岁那年，你失去了一个小伙伴。"我认真地看着他的眼睛，"你是一个重情重义的孩子，能记得一个朋友这么久，能为一个朋友改变这么多，说明你很重感情。如果他知道的话，他一定会很感动，他会为有你这样的朋友而自豪。"

"能不能不要提这事？"他总算开口了。

"能不能不要记挂这个人？"我紧接着说。

他腾地从座位上站了起来，走了出去。

我看着他的背影，没有挽留。倒不是不想挽留，而是不知道如何挽留。

很快，他的妈妈给我打来电话，说了一堆道歉的话，说小孩没礼貌，她万分抱歉云云。我耐心地听她说完，没有说一句没关系之类接受道歉的话。

林子没有做错什么,那是他的性格。妈妈也没有做错什么,她道歉只是不希望整个世界疏离她的孩子。只是我有什么权利去接受她的道歉呢?我对林子没有帮助,看样子反而伤害了他,甚至我觉得应该是我道歉。

那阵子,林子是我的心病。

好几个晚上,我从半夜醒来,然后就再无睡意,想得最多的就是林子。我在想,林子钻在往事的茧中,什么时候才能全身而退呢?

大概是隔了两三个星期,他和他的妈妈突然再次站到了我的面前。他妈妈先一步扯过我,不好意思地说孩子要对我说一句话,为了这句话,才特地过来的。

因为她也不知道儿子要说什么,所以她压低声,显得小心翼翼。"如果孩子不小心说错了什么话,你一定不要生气,要原谅他。"

得到我的许诺之后,她才把儿子带到了我的面前。

因为很少说话的原因,他在我面前酝酿了很久,才慢慢地说:"8岁那天是我提议一起去游泳的,我对不起他。"

我重重地松了一口气。"如果你知道他会出事,你肯定就不会提议了对不对?没有人能掌控意外的发生,那仅仅只是一个意外。"

我拉过他的手,轻声地说:"你知道人这一辈子最可贵的不是生命,而是友情、亲情、爱情。他虽然失去了一条生命,但是能拥有如此厚重的一份友谊,我想他是不会责怪你的。"

那之后,我没有再见过林子。他妈妈倒是给我来过两个电话。一次是找我分享喜讯,医生说林子的自闭症有所好转;另一次是说林子可能会来拜访我,但是他终究没有来。

我设想过林子改变后的种种相遇,但最后却莫名地想想还是不要相遇的好。那样我就可以随心所欲地把他的将来想象得无限美好,最起码可以忘记他忧郁的眼神。

成长的过程中,我们会犯这样那样的错误,有些虽无心为之,却会给我们带来沉重的负担。我不是教大家推脱责任,我只是觉得该放下的就放下,长大之前,我们不用背负什么,因为有遗憾才会有成长。

如果耳朵可以说谎

知道杜晓松是在母校的 90 周年庆典上。我坐在观众席里,杜晓松上场的时候,场下的女生边有节奏地拍手边大叫:"杜晓松——杜晓松——"很有那种明星出场的感觉。

我带着三分好奇,兴趣盎然地看向舞台。旁边的女教师也心生感慨。"现在的女生就是豪爽奔放啊。想当年,就是再帅的男生登场,我们也不敢这么造次的。不过——"她突然调转话头,"这杜晓松还真是个相当俊俏的男生呢。"

我哑然失笑。

就在我们说话的时候,杜晓松走上了舞台。

杜晓松是人们常说的暖男,不是那种金属味十足的酷。笑的时候,他的眼角就挂着浅浅的暖意。

这样的男生当然受欢迎。

我笑着听他唱歌。其实他唱的歌并不是完美得无可挑剔,但是我还是觉得这样已然够好。

我听他唱完歌,又看了两个同学自己编排的舞蹈。因为家里有一点小事,我便提前离场。经过实验楼的时候,正好碰到下场的杜晓松。他身旁的一个男生不知道在说着什么,说到高兴的地方还哈哈大笑几声。杜晓松没有半分参与的意思,还悄悄地把距离拉远了一些,这阵势就一个意思:哥们,我跟你不熟。

我倒没觉得这有什么，很直觉地认为肯定是杜晓松不习惯同学闹腾。原本这也不关我的事，我也实在没有窥探小帅哥的爱好，便加快速度从他们身边走过去。

擦身而过的时候，我听到杜晓松对那个男生说："我觉得你很恶心！"

杜晓松的话完全不是好哥们之间开玩笑时用的调侃的语气，而是很死板的陈诉语气，分明透着三分厌恶。

男生明显惊呆了，难以置信地看着他。一同惊呆的还有我，我实在想象不出一个长得如此温暖的孩子可以说出这么伤人的话。

"杜晓松，你是不是吃错什么药了？我没招惹你吧？"男生叫起来。

"有没有你自己明白，你真恶心。"他冷冷地哼了一声，头也不回地走了。

我更加好奇起来。因为有事，便没有当即参与到这个事件中。开车离开的时候，我还在想现在的孩子，真的是太不可貌相了。

原本不想管这件事的，可最终还是没忍住。几天后，我给杜晓松的老师打电话，说希望可以安排我和杜晓松见一面。

老师笑着开玩笑："你还想听他唱歌啊！"

杜晓松没有想到我会找他，在我面前坐下的时候，他表情带着狐疑。我开门见山地说："校庆那天，在实验楼那边，我听到你和另一个同学的对话了，我觉得你的态度有点……"

在我想着比较贴切的措辞的时候，他把话头接了过去。

"可能你觉得我的态度不对，但是我觉得那已是我最大的修养了。他之前是我最好的朋友，我几乎把我所有的秘密都告诉他。可是他竟然把我告诉他的秘密当笑料，在宿舍大肆宣传。原先我就有所耳闻，坚决不信是他传出去的，可那天，我去他宿舍找他有事，推门进去的时候，他正说我说得起劲，并没发现我，还在那总结：那二货不就长得细皮嫩肉一点，还真把自己当根葱了，要不是我一路罩着他，他能混得这么畅快？你说，亲耳听到自己最信得过的朋友在背后这么抹黑自己，是什么样的心情？我这反应激烈吗？过分吗？"他扯了一下嘴角，"如果可以的话，我也希望我的耳朵可以说谎，那样至少我现在还会因为有这样的一位朋友而快乐着。"

我无言以对。

人与人相处是很微妙的，并不能像咖啡和咖啡伴侣一样成为永远的好搭档。一句话、一个立场、一种态度，就能轻易摧毁友谊。

友情需要包容，但绝不是委曲求全。在人和人相处这个问题上，我们得维持我们最基本的底线，那是做人最基本的自尊。从这点上来说，杜晓松并没有做错什么。但是，就这样结束一段友谊，我还是心有不甘。

我决定去会一会这个故事的另一个主角阿卡。

对不起，请原谅

决定去见阿卡，是因为杜晓松。阿卡就是杜晓松之前最好的朋友。

我承认一开始我误会了杜晓松，所以我很想知道杜晓松有没有误会阿卡。我没有对杜晓松掩藏我的想法。他听后，挑了一下眉，站起身说："祝你好运。"

这神情很欠扁，我很想拍他一下。

我把这句话告诉阿卡的时候，他大笑起来。"他就是这样的，是很单纯的一个人，你不觉得那样的他很真实、很可爱吗？"

我看着他，不觉得他的笑有掺假的成分。

"你和杜晓松是好朋友？"我问。

"嗯，算是吧。"他挠了挠头，"不过最近他不太愿意理我。以前他可是愿意和我分享他所有的秘密的。只是最近，我也说不清是怎么回事。"

"没试着问他？"

"他都不理我了，怎么问啊？"他叹了一口气，"友谊吧，也不是一个人想维持就能维持的，对吧？我总不能逼他和我做朋友。再说，搞不好这几天他遇到什么烦心事呢，过几天可能就恢复了。"

"和杜晓松做朋友有压力吗？"

"压力倒也谈不上，不过有的时候会不舒坦。比如和他一起打篮球，他投个两分球，观众席都会激动地尖叫，我投个三分球，啥反应也没有；再比如，有陌生的女生红着脸跑过来塞礼物，基本都是往他手里塞，我就是杵在那的道具。"他不安地看了我一眼，"是不是觉得我心眼小？"

"想听实话吗？"我故意问。

"嗯，说实话。"他突然严肃起来。

"你的这些想法比较正常，如果仅仅是心里不舒服，没有把这种不舒服上升到生活中的羡慕嫉妒恨，绝对算不上心眼小。"我龇牙，"不过，我很好奇心里不舒坦之后，你就没一点点表示出来？"

他猛地抬起头。"你是不是从杜晓松那里听到一些话了？那些话就是他不理我的理由？"

我收起玩笑般的表情。"阿卡，当我决定在你对面坐下的时候，我就没准备把你当一个小孩。我们是平等地交流。所以，我不会没有立场地就某些事，作充满爱的鼓励和引导。相反，我会很直观地表达我的想法。你想你应该明白我说这句话的意思。"

他点点头，说"我有心理准备了，你说吧。"

"你有没有在背后偷偷说杜晓松的秘密，并且说了某些不好听的话？"

"应该没有吧？"他说得有些勉强。

我耐心地看着他。他的脸微微地红了起来。"好吧，我承认我说过一些话，但是说这些话的本意并不是想说他什么，只是想向外界表露我和他非一般的关系。你看他把什么都告诉我，我可以怎么说他，我想传达的唯一信息是他和我关系很铁。"

"你有没有当着杜晓松的面，对别的同学说过这些话？"我问。

"那肯定没有的。"

"为什么呢？既然只是想传达某种关系，为什么不能当着他的面传达呢？"

他没有说话。我接着说："因为你知道这样说是不礼貌的，是伤感情的，是不对的。但是你有没有想过，你背后说的这些话会传到杜晓松的耳朵里？不是别人传达，而是自己听到。你说当他听到这些的时候，他是什么感觉？"

他的眼睁得大大的，有些吃惊地看着我。

我微微颔首。"这就是事实的真相。"

我不知道阿卡后来对杜晓松是怎么说的，据说他去道歉了，杜晓松也接受了，但两个人的友谊却回不到以前了。

与人相处的过程中，我们总习惯把自己放到比较重要的位置，有一天发现别人视朋友比我们更重要的时候，我们的小心眼就会发作，就像被最好的朋友欺骗了一样，心里开始不平衡，开始有所发泄。

这只是一时的情绪，但是就是这种一时的情绪，却足以摧毁一段友谊。

这个世界上比刀子更伤人的就是舌头，我们任何时候都要管好自己的舌头，不要轻易让它变成刀子，伤害了最亲近的朋友。

那些没有对错的青春

青春是没有对与错的，在青春的路口遇到对的人，你的经历就是一首美妙的诗歌；相反，如果不小心遇到了错误的人，那么你的经历只能是一次沉重的遗憾。

周桐桐进高中的时候，全校排名第二。分班的时候，高一的几个班主任都想把这个宝贝疙瘩挖到自己班。一开始周桐桐也争气，大考小考一路领先，让老师欣慰不已。

转折是在一堂晚自习上。晚自习快要结束的时候，周桐桐肚子痛了起来。他便提前离开教室，拿着手纸去厕所。在厕所，他遇到了徐慕。

徐慕高他一个年级，是学校的体育特长生，学校的风云人物，打架斗殴，没事欺负欺负新同学，再不就摊开手让小伙伴们贡献两支香烟钱。

不过，那次徐慕倒也没有为难周桐桐，他看着周桐桐痛不欲生地进去，安静地抽着他的烟。抽到第二根的时候，他冷不丁吐了一句："兄弟，你这个奋斗史也真够艰苦漫长的，要不给你点根烟助助兴？"

一句话诞生了一段友谊。厕所出来的时候，两个人就勾肩搭背，开始称兄道弟。

此后，周桐桐和徐慕，一个从教室门口经过，轻咳一声，另一个就跟出去；有好吃的了，必须留一份，巧克力是，香烟也是。混得久了，有外校的学生找徐慕打架，周桐桐自告奋勇地参与了进去。

周桐桐变了。他衬衫的领子不再服服帖帖，随意地竖着，牛仔裤剪了一个个大破洞，有时间就和徐慕黏在一起，逃课，抽烟，打架……

老师找他谈话，语重心长地说一大堆，他甩着头发淡淡地说："我觉得现在挺好。"

家长把他抓回去，打他骂他，他不吭声，一转身又和徐慕待在一起。

他的成绩直线下降，从年级组前三迅速掉到了班级倒数第三。老师的谆谆教诲、父母的眼泪都没有唤醒他对所谓自由生活的疯狂热情。

他彻底地沉迷在徐慕带给他的崭新世界里。

直到徐慕接到体育学院的录取通知书时，他才从懵懵懂懂中惊醒，那时已经要上高三了。学业怎么办？将来怎么办？他急了起来，开始没日没夜地看书，但是，书上的题目就像淘气的小蝌蚪，貌似触手可及，但却拿捏不住。

他错过了至关重要的两年。

我认识他的时候，他正在复读。平时，他安分地做着作业，很少举手发言，已然没有了初进高中时的那股锐气。当然偶尔他也会笑，只是笑容中带着一份疏离。

我问他有没有后悔这段经历，他迟疑了一下，点点头接着又摇头。他说："成长只是时光给予我们的一种经历，不管是何种滋味，都是我们人生路上的一部分，不能主观地去取舍。"

那句话让我对他刮目相看。

我们不能纠正已经发生的错误，其实，那些也不能算是错误。怎么说呢？不同的友谊带给我们不一样的认知，我们只是不能抑制我们的好奇，投入地尝试了一次。我们的人生还很长，还有机会重新走到真正属于我们的道路上来。但是，这只是退而求其次的一种说辞。如果可以的话，还是学习一下孟母三迁的故事，择友而交，那可以让我们少走很多弯路。

简单的快乐

"如果整个学习阶段都没有朋友的话，那这个过程得多枯燥乏味。"唐睿对我说，"所以，我决不允许自己没有朋友。有人说我的这种说法有点夸张，但是，却是我最真实的想法。"

唐睿说话的时候，肢体语言很丰富，抬手，耸肩，皱眉。这些看似可有可无的动作，恰如其分地表达了他的积极与自信。这种活力与自信在成人身上都很难看到，更不要说孩子了。我在脑海里重新回顾了一遍他的资料，同时右手的食指在左手的手背上敲击了一下。

"我听说你在班上有着很好的人缘。一般来说，同学通常与同桌、前后座那些能经常接触的小范围同学有更深的交流，能更好地发展友谊，但是你不是这样的。"

他露出他白净的牙齿。"我记得我曾经看到过一本书，具体的内容忘了，但是其中有一个细节。一个孩子去别人家做客，第一筷总会伸向离自己最远的那个菜。父亲就觉得很奇怪，因为那道菜并不是他平日里最喜欢吃的。孩子说，经过他的观察，人们为了礼仪，都习惯夹自己面前的菜，很少去夹离自己远的菜。所以，自己面前的菜离自己最近，晚一点吃，它还在。而别人面前的菜，离别人近，下筷晚了可能就没有了。"他得意地笑，"我是受其影响，周围的同学接触多，相处的时间久了，他们迟早会发现你的好。但是，其他的同学却不一样，如果我不去主动接触，直到毕业，在他们眼里，我可能只能算是一个比较熟悉的陌生人。"

我仔细地想他说的吃饭那段话，顿时有种佩服得五体投地的感觉。"就是基于这种理论，所以开学第一天，你就和班上46个同学每一位都有了交流？想和所有人做朋友吗？"

"也不算真正的交流，就是简单地打招呼。问问母校是哪里的，或是说你的衣服很有型。我觉得吧，可以从打招呼中看出一个人的修养和内涵。朋友这个词怎么说呢，如果纯粹为了交朋友，那所有的人都可以成为朋友，但如果想交心灵相通的朋友，那就是可遇不可求了。所以，你看我很热情，很容易交流，但在交友上我也是很挑剔的。我奉行宁缺毋滥的原则。"

"你结识了那么多人,有没有遇到心灵相通的朋友?"我好奇地问。

他做了一个鬼脸。"我可以告诉你我还没明白心灵相通是什么意思吗?"

我大笑起来。

随即,他一本正经地说:"那些都是理论,其实我就是一个贪玩的孩子,生活也好,交朋友也好,只要快乐就够了。我们为什么一定要把这些简单的事情复杂化呢?"

我仔细地思索着他的话,好像从与他的聊天中悟到了一些什么,又好像什么也没有悟到。

"现在的孩子是不是都是哲学家?"我问。

"只要愿意,每个人都可以是哲学家。"他嘚瑟地挑眉,"不过相对于枯燥的哲学家,我更愿意做快乐的人。"

我离开的时候,他站在三楼教室前的阳台上,一边高呼着我的名字,一边像只笨拙的企鹅,又蹦又跳地对我挥手。我敏感地发现他米色的外套变成了格子外套。

果然是个快乐的孩子,这一会工夫还在和同学玩换装游戏。

我哑然失笑。

离开之后,我开始思考快乐到底是什么,那需要什么样的底线和准则。但想到唐睿快乐的笑脸,突然觉得自己的想法很狭隘、很肤浅。

快乐很多时候就是很简单的事情,没有过多的追求,过自己想过的生活。幼稚的时候,可以三两个小伙伴换着衣服穿,可以肆无忌惮地站在阳台上蹦蹦跳跳地做着夸张的动作。成熟的时候,可以不受别人的影响,认真地摆出自己的观点,像个哲学家。

有人说青春是多彩多姿的,其实我们不一定要追求这份绚丽,让心静下来，拥有简单的快乐，也不见得是坏事。

明天我会忘记你

"有些人天生就是用来遗忘的。"

朱木言对我说这句话的时候，有些感伤。我知道他说的有些人里也包括他自己。

朱木言做过很多错事，比如偷偷地带一个知了到学校，上课的时候，再偷偷地塞进同桌的书包。万一知了叫了，他就举报说谁谁谁带着知了来学校了。再比如把前座女生的长辫子用绳子扎在她的椅子背上，下课起立的时候，疼得她龇牙咧嘴……

这种事情，朱木言做过不少，但是并不影响他健康地成长。就像曹操年少时和袁绍抢新娘玩，事情暴露后，他指着袁绍说："贼在这里！"童年时代痞子气十足的曹操并没能阻止他成为一代英雄。

朱木言没有成为英雄的雄心大志，但也有幡然醒悟的一天。

那天有长辈到访，他刚巧因为犯了错误被爸爸训斥了一顿，所以乖乖地坐在一旁看书。长辈看着他，不住地表扬，满眼的羡慕，说这孩子的性情真好，不浮躁，看着就懂事云云；接着再把自己家的孩子狠狠地批评了一顿，说是如何调皮、如何不懂事、如何让自己头痛……那些话不得不让他产生一种错觉：原来大家都喜欢安静的孩子啊。他的智力一般，长相一般，能为父母挣的荣誉很少，但是保持安静却是他的强项。对他而言，这是很容易做到的。如果能为父母挣一些这样的面子，他还是很乐意的。

朱木言就是从那天开始改变的。那个曾经调皮捣蛋的孩子，一愣神的时间就长大了，一个人安安静静地做起了他的美男子。

对于他的变化，长辈们是满意的，老师们也是满意的。相对于大人而言，孩子的这种变化不亚于一次完美的蜕变，几乎完美到了极致。

没有人发现他的话越来越少，朋友越来越少，表情越来越单调，心底越来越寂寞。

其实，初二的时候，朱木言还是有一个朋友的，那是他的同桌。偶尔接触到玄幻小说后，同桌一下进化为书痴，空暇时间他就忙着看书，两个人日常的交流并不多，但是每逢自习课前，他总会主动找朱木言说话。"老师如果过来，提醒我一下。"

在朱木言的认知中，两个人有了共同的小秘密，他能为同桌保守这种小秘密，并且能适时地提醒他，那就说明他们是好朋友的关系了，所以朱木言有些沾沾自喜。他热衷于这点小默契，一脸谨慎地为同桌做着把风的事情。

原本以为有他在就不会出纰漏，可还是有了东窗事发的一天。同桌成绩诡异地下滑引起了老师的注意，而后有一天同桌在自习课上沉溺于小说中的时候，老师站到了他的身边。

老师很快重新分配了座位，把班上学习最好的同学换到同桌的身边，一心要拯救这只迷途的羔羊。

这段在朱木言眼里维持了两个多月的友谊就戛然而止了。朱木言有些忧伤。他很想通过语言把自己的这种忧伤传达给原来的同桌，但是他不知道自己应该怎么说。

新学期开学的时候，朱木言在学校门口遇到原来的同桌，憋足劲上去打招呼："你好！"两个字几乎承载着他所有的快乐和希冀。然而，同桌却只是淡淡地看了他一眼，挠着头说："你叫朱什么来着，我们同桌过呢！"

朱木言木然，他听到了友谊折断翅膀的声音。

青春期的我们总是对友谊给予厚望。我们总会不自觉地把友谊想象得无限美好,却不知道友谊于每个人的分量是不一样的,我们不能要求维系友谊的另一方和我们有同样的热情,就像很多时候,我们也不能赋予所有的友谊以热情一样。

我们要学会理解和原谅,理解朋友不够看重友情,原谅自己对友情过于敏感。不是我们不够好,而是某些人只是我们人生中的匆匆过客,某些事只是我们人生的点缀。

海鸥飞过的海域

> 这个世界很大很大,我们能做的事情很多很多。朋友再铁也不可能陪着你把所有的事情都做一遍。但至少他在某个特定的时间段,某个特定的地点,陪着你,和你一起做很多很多事情,用他的行动支持你所有的梦想。就像海鸥不可能飞过所有的海域,但是至少可以在某一片海域中结伴而行。
>
> ——摘自小 V 的日记

小 V 有一个华丽的作家梦。这个没什么奇怪的,现在的孩子接触文学的机会很多,电子书、纸媒、有声小说……怀有文学梦也是很正常的事情。但是小 V 的文学梦不同,他不是把文学当爱好,以"梦"为主,期待以后实现,而是当机立断地把文学当成了事业,一心想有所突破、有所成就。

有这个想法的时候,他才刚刚上初中二年级。

其实,在这之前小 V 就有这个想法了,但是每当想法出现,总能听到小伙伴反对的声音,他们会说:"志向太远大了吧?"或者说:"你确定你没有发烧?"

小 V 的激情就在质疑的目光中逐渐丧失,直到他遇到 L。

L是初二的时候才转到他们班来的，各科的成绩都很一般，只有作文，有着同龄人少见的文笔。因为初来乍到，成绩又不突出，所以同学们对他不是很热情，小V一开始也是如此，但是当老师在班上读完他的作文之后，小V积压已久的想法又被激活了。

下课后，小V跑到了L面前，对他说："我们一起写一部小说好不好？"

"好。"

很久以后，L偶尔还会问小V："你还记得你对我说的第一句话是什么吗？你说，我们一起写一部小说好不好？"

L专注地学着小V当时的表情，认真而谨慎。只有一次，L说了初听到这句话的想法："对一个还算陌生的同学热切地说这句话，说明这个想法已经在你心底很久很久了。"

有一个人这么懂你，换任何人听到这句话的时候，都会很感动。小V当然也免不了这份俗，只差热泪盈眶了。

那时功课已经有了一些紧张的意味，他们两个人总是尽量把写作业的时间压缩，把省下来的时间，放到小说的酝酿上，有时上厕所的时候，两个人还会为某个小情节争论不休。

这些还不是最难的，最难的是发现他开始写网络小说之后，小V的妈妈严格地控制了他使用电脑的时间。每天在小V完成学校布置的查找资料的作业之后，电脑就被上了密码。

那之后，小V总在白天把小说需要更新的部分写在纸上，晚上由L带回家在网上更新。小V一直沉浸在这样的氛围里，很幸福、很知足。他不知道，L家的电脑也处于管理模式，为了按时给小说更新，他每晚都会偷偷溜到网吧，在烟雾缭绕中敲完最后一个符号。

L以为这样的事做得很完美，但是没有不漏风的墙，有一天L的秘密还是被他的妈妈发现了。后来，在小V的目瞪口呆中，L成了另一个学校的插班生。

小V说:"如果我的梦想是阻碍他梦想的绊脚石,那么我是不是还能满怀希望地跑到他面前,对他说'我们一起写一部小说好不好?'"

我没有见过小V,不知道如何安慰他。其实就算他坐在我面前,我也不知道应该怎么安慰他。

我对他的所有认知仅来自于手里的日记本。日记本是他通过快递寄给我的,我不知道他这么做的原因是什么,但是我还是认真地读完了这本日记。我想,小V这么做或许只是在缅怀一段友谊,又或许是为了祭奠自己的文学梦想。事实的真相并不重要,重要的是生命中有这么一个人可以义无反顾地陪着你为理想奋斗,那是很大的幸福。

如果我们的身边恰巧有这么一个人,那么一定得珍惜。

橡皮擦的记忆

——如果有一块什么都可以擦去的橡皮擦,那么你最想擦去的是什么?

——是有关我和他的记忆。擦掉了再重新开始。

小丁和杜桥的友谊一开始就透着功利。

新生报名的时候,小丁的父亲看到杜桥的父亲时眼睛唰地就亮了。"小丁,那个小子的父亲是老爸的老板,你一定要和他搞好关系。"

这就是小丁跑过去和杜桥打招呼的原因。

杜桥是个很直爽的人,用他的话说,谁对他好他就对谁好。所以,从小丁第一次热情地和他打招呼开始,他就把小丁当成了自己的朋友。

小丁更是积极,三天两头带点小东西给他,用礼品盒包装得很漂亮的书签,小纸袋包装的茶叶,妈妈做的烤鸡翅……有一次下雨,杜桥不小心滑了一跤,换下来的外套还是小丁拿到宿舍给他洗的。这事把杜桥感动得一塌糊涂,逢人便说:"小丁的为人好到无法挑剔,能遇上这样的朋友太值了。"

但是杜桥也有缺点,他比较骄傲,打心眼里瞧不起穷人。他曾不止一次地在小丁面前一脸鄙夷地说,那谁谁,不知道有什么好嘚瑟的,好像家里很有钱似的,他爸开的是什么破车。

这还不算什么,更过分的一次,他对小丁说,那谁整天像跟屁虫一样地跟着某某,明眼人都能看出来,不就是某某比较有钱,他哈巴狗一样跟着就是想捞点好处嘛!

如果小丁没有最初的动机,他还可以理直气壮地发表一些自己的看法。但是,他就是因为某些原因才靠近杜桥的,所以实在没有底气发表什么。

虽然杜桥发现自己说的话有所不妥后,一个劲地说明,自己只是就人说事,让小丁不要多心。但,小丁的心里还是埋下了一根刺,和杜桥在一起的时候,就会被刺痛。

可是他不能回避。

爸爸说:"以前送礼找不到门路,这以后有了杜桥就容易搭上关系了。如果借着你们有交情,老板把我视为自己人,不说其他的,就是升个部门经理,我们家的小日子也要好过很多。所以,不管怎样,你都要和杜桥搞好关系。"

"那我在杜桥面前又算什么呢?"小丁叫道。

"你觉得不依附他,你就能在他面前算什么吗?"爸爸责问,"房贷,车费,杂七杂八的开销,你不知道我们肩上的压力有多大。我不需要你做什么,不需要你低声下气地对他说让你爸爸提拔我爸爸,我只要你和他搞好关系,适当的时候请他来家里玩,然后,我去他家拜访的时候,再偶遇一下就 OK 了。低声下气的事情我来做,养家糊口的责任我来当,你只要和他做朋友,这真的很难吗?"

他能说很难吗?小丁一脸苦笑。

小丁真的把杜桥带回了家,小丁的爸爸忙前忙后,一副要让杜桥的每一个毛孔都要记住他的阵势。杜桥问小丁:"你爸爸天生就是这么热情的吗?"一句话几乎把小丁打回原形。

那次之后,小丁就对杜桥冷淡了。不是他想让父亲失望,而是实在不愿继续把自己的友谊作为父辈们职场上的筹码。

我耐心地听完他的故事,静静地听他总结:"可能现在杜桥不会明白我为什么突然疏远他,也不会知道我突然疏远他只是想和他好好地做朋友。如果真有那么一块橡皮擦,能把这些都擦掉,让我们单纯地做朋友多好!"

是啊,这个世界如果能多一点单纯该多好!我们可以随心所欲地做自己喜欢做的事,不背负感情的外债,那是多幸福的事情。

可是,这个世界不能如我们想象的这般单纯,虽未成年,我们却也肩负着这样那样的责任,我们不能期待单纯处事,但至少也可以做到问心无愧。若干年后和他偶遇的时候,还能很自然地伸手相握,告诉别人我们是朋友。

掌心里的地球仪

欧阳决定出国的消息,只对刘向说了。

那是礼拜天的午后,到学校的时间有些早,他们两个就背着书包斜倚在马路边的栏杆上看人来人往,脚边的大包被零食挤得变了形,像他们可怜的时间。

欧阳突然泄愤般地对着地面踢了一脚。"过完年,我可能就不会来学校了,可能去澳洲。"

虽然欧阳用了两个"可能",但是刘向却知道,这事基本已经确定了。

欧阳不是一个会把话说死的人,就算刘向是他最好的朋友,他也不会直接把这些还没发生的事情说死。他害怕万一,怕突发状况。骨子里他是一个很骄傲、很自负的人,他害怕失望。刘向觉得这种性格可能与他的家庭环境有关。

欧阳家的具体情况,刘向并不是太了解,只知道他家境比较殷实,有一个后妈。欧阳家里矛盾颇多,他又是眼里容不下沙子的性子,常闹得家里鸡飞狗跳。

对父母来说,送他出国未尝不是一个明智的决定。

刘向有时候也这么想,嘴上也这么说。他淡淡地说,这样也好。

那天的风有些大,说完这句话的时候,正好有一阵风携带着灰尘袭来,两个人几乎同时闭上了嘴巴。短暂的沉默之后,话题断了。

"我们回学校吧。"欧阳拎起了他的包,率先往回走。

他和刘向的关系就这样疏远了。

虽然在学校里,欧阳还是会和他说话聊天,还是如以前一般安安静静地做作业,不会做的找同学抄一下。但是刘向明显地发现了他有些不对劲,比如以前他只找刘向抄作业,但是现在他会避开刘向,找其他同学。

刘向有些生气,又不是谁离不开谁,装什么装,拽什么拽呢?

欧阳会疏离,他不会吗?

他撇开欧阳,开始和其他同学谈笑风生。

日子过得很快,很快到了年末。老师宣布放寒假的时候,刘向才警觉,那可能是他和欧阳最后一次见面了。刘向的心突然堵得慌,他想和欧阳说些什么,但是却不知道怎么开口,分开的时候,也没有道一声珍重。

那天之后，刘向再没有见到过欧阳。那个人就那样从他的生活中消失了。偶尔他还会梦到他，但是通常只留给他一个背影，在那孤零零地站着。

那样的梦让刘向难过。

高二那年暑假，刘向全家去澳洲旅游，返回的时候，刘向买了一个小小的地球仪，托在掌心里的时候，眼角莫名湿润了……

青春是一座好聚好散的舞台，有多少欢乐的相聚，就有多少忧伤的离别。让我们情绪化的不是我们不确定的友情，而是敏感多疑的心绪。在疑神疑鬼中，我们损伤了朋友，也伤害了自己。

很多时候，不是我们够勇敢，而是我们装得比较勇敢，似乎只有这样，才能成为赢家。

其实，友谊哪有赢家？付出了、快乐了，就足够了。

这些别人的故事，我们好似不在其中，又偏偏身在其中。那不是别人的故事，而是我们身边真实的生活。

❋ 懵懂爱情，我想更懂你

会笑的公主

董昕喜欢上班上某个女同学的消息，是小落告诉我的。

我有些不信。"董昕可是个闷葫芦，他会把这么大的秘密告诉你？"

小落奸笑。"山人自有妙计嘛，一次真心话大冒险就把这个秘密挖出来了。不过好奇怪，他的审美观貌似有那么一点点偏差。你说他吧，人长得又高又帅，成绩也是中上，按说就是有这方面倾向也得找个有三分姿色或是成绩不错的女生吧。可是他喜欢的那个，长得就像机器猫，头圆鼓鼓的，脸圆鼓鼓的，身体圆鼓鼓的，成绩还不好，一天到晚只会傻笑。"

"她肯定有她的优点，只是你没有挖掘到罢了。"

小落坚决不信。为了证明那女生毫无优点，他还特地把董昕拽了过来，气鼓鼓地嚷嚷："董昕，你来告诉姐真相。"

董昕莫名其妙地看着我们，我没忍住，直接一口茶水喷了出来。

"到底怎么回事？"他问。

"哦，是这样的。"小落赶紧把话头接了过去，"刚才在和姐聊天，聊着聊着就扯到班上女同学身上了。被姐一诱骗，我的嘴没把好门，就把你喜欢朱莉的事情说出来了。"

说完，他对我使了一个眼色，脚底抹油赶紧撤走了。

董昕和小落都是我的邻居，是我看着长大的孩子，见面的机会甚多，所以扯到这种话题并不尴尬。

"你真喜欢上班上的姑娘了？"

"哪有的事情啊！"他忸怩地转过脸，"别听小落胡说了。"

"那朱莉是……？"

"一个普通的女同学。"

"小落说她长得圆头圆脑的，挺可爱。"我寻思了一下，说。

董昕没看出这是我下的一个套，所以并没有否认："胖乎乎的，有点笨头笨脑，但是笑容很亲切。那时刚入学，我去学校报名，在报名处遇到她。别的同学都有家长陪着，排队的时候就和家长说话。你也知道我爸妈经常为了一点小事就闹别扭，报名那天也发生了这样的情况，爸爸去上班了，妈妈上床躺下了，我只好自己过去了。整个过程中，只有她笑嘻嘻地和我打招呼。当时她的笑容真的是太亲切了。后来在教室遇到，我真的太高兴了。"

"就因为她笑着和你打了招呼？"

"嗯，对。"他看向我，"我们家里笑很少，笑容对我而言是一种妙不可言的东西。小时候我常想，要是我们家也像你们家一样，有这么多笑声就好了。但是那只是可望而不可即的梦想，所以我羡慕有灿烂笑容的女生。那天小落问我喜欢谁的时候，我一下就想到了朱莉。这可能与她的笑容有关。"

我笑着看着站在前面的男孩，略带感慨地说："董昕，你真的长大了。你知道自己缺少什么，渴望什么，并且没有被所谓的外在迷惑，喜欢得很纯粹。"

他吃惊地看着我。"你不准备给我洗脑？说一些不要早恋，要好好学习之类的话？"

我轻笑，摇头。

"你没有早恋，你经历的只是每个人在特定的时间段都会经历的一段过程罢了。那是很美好的一种遐想，与爱情无关。"

"但是，有时候，我真的也会想她。"他小心地说。

"当然会想她，因为在你心目中她就是一个会笑的公主。每个男生都有一个公主梦，不管是你，还是小落，或者是其他的男生。只是有些人愿意把心目中的公主放在心里看，有些人想捧在手里看。其实，不管怎么看，公主都只是自己臆想出来的一个角色。我们只是把她现实中的优点放大了，把她的缺点缩小了。事实就是这样，我们最喜欢的不是具体的某个女生，而是心中的那个女生。"

他浅浅地笑，笑容甚美。

学生时期的爱情，并不是真的爱上某个人，很大一部分原因是寄托了某种情感。那不是真正的爱情，而是想象中的爱情。

但是想象中的爱情也有它自身的魅力，所以会情不自禁地想看她一眼，想找她说话……不能说这是大逆不道，但应该懂得适可而止。把这份好感留在记忆里就足够了，毕竟这只是错位的感情。

迎着风的方向

路子遥从来没想过，有一天他会和绯闻沾上边。

路子遥是个比较晚熟的男孩，别的男生开始讨论女生发型和三围的时候，他还是一个只会盯着黑板看的笨学生。他学习不错，性情又温和，同学和老师都比较喜欢他。

宿舍熄灯后，男生常挂在嘴边的话题就是讨论哪个女生最漂亮。

几乎五分之四的男生都觉得一个叫梅子的女生漂亮。一开始路子遥也没有太关注这个问题，但是同学们说得多了，耳朵天天听到这个名字，就不免有些好奇。等到梅子来收英语作业的时候，他不免多看了几眼，马尾辫、瓜子脸、大眼睛，真的很漂亮。偏巧这个时候梅子正好望过来，他身子一僵，心却突突地沸腾了起来。

那往后，他的目光总不自然地跟随着梅子。她在跳绳，他就暗暗帮她数数；她在擦黑板，他就盯着她的背影看；她在读英语，他就沉浸在她的声音里……

一次，他对着她的背影傻笑的时候，同桌一语惊醒梦中人："你小子是不是喜欢上梅子了啊？我看你都盯着人家魂不守舍了。"

路子遥觉得自己真的是喜欢上梅子了，不是喜欢上了，怎么会一直想知道她在干什么，想看着她呢？他认真地思考这份感情的可能性，又是照镜子看相貌，又是算身高比例。觉得还是有三分可能性的时候，他果断地给梅子写了一张小纸条。

"我喜欢你。"

原本这事做得神不知鬼不觉，可偏巧他把纸条夹在了梅子的英语笔记中，又凑巧隔壁班的一个女生跑来向梅子借笔记……于是，路子遥在追求梅子的事在整个年级越传越烈……只要路子遥走出教室，总有其他班级的学生指着他说："瞧，这个就是路子遥。"

虽然旁人并没有什么恶意，但是路子遥不喜欢这样。他皱着眉，哭丧着脸，说："哎，你不知道这种感觉。我就像动物园的大猩猩，被一大群人围观着，很讨厌。我悔得肠子都青了。"

我笑着说："你是因为不喜欢这种被围观的感觉，所以开始后悔。你是后悔给梅子写信，还是后悔喜欢梅子？"

"这有区别吗？"他略带怀疑地看着我。

我笑着点头。

他认真地想了一会，说："可能两者皆有，可能有迁怒的成分，但却是真后悔。你说我没事对别人总说起的女生好奇干什么？如果不好奇，到现在她在我眼里也只是一个普通的女同学，和其他女生没有任何区别。可是我好奇了，现在我自己都搞不清楚，这到底是不是爱情了。我觉得吧，我之所以喜欢她，纯粹就是因为大伙都喜欢她。就像很多人对你说街头哪一家的面包房做的面包好吃，然后，就忍不住想去品尝一下。"

"先不用急于去否认自己的这段感情，感情不可耻。"

他的表情瞬间升级到惊诧。"姐姐，你认同早恋？"

"那只是本能，对美好事物的喜欢是人性的本能。但是这种喜欢和爱情是两码事。不是因为喜欢而去注目，仅仅是因为她的美好去注目。这之间有本质的区别。"我莞尔，"为什么我觉得你不是早恋呢？"

他闭上眼仔细思量我的话，然后突然睁开眼睛。"我可能有点明白你的意思了，那朦胧的情愫并不是真正的爱情。"他的手指灵活地沿桌沿快速地替换爬动，"说实话，经历这件事之后，我以为自己是很薄情的人呢，咋一遇到挫折，就想着逃跑了。原来那不是爱情啊。那我就放心了，这感情压得我都快喘不过气了。"他愉悦地笑，和来时不同，连眼梢也印染了三分笑意。

后来路子遥偶尔也有联系我，除了简单的问候，偶尔也会涉及一些生活方面的问题。大学二年级的时候，他突然发来一张他和一个女孩子的合影，估计也是想起了当年的事，他对我说，当年终究是太年轻。

年轻的时候，我们的眼睛和耳朵都不够成熟，容易被周围人的观点左右，迎风而立也是必经的一个过程。

这并不可耻。

我们不需要站在对立的那一面，一意否认对美的追求。喜欢美好的东西不是错，但是如果把这种喜欢当作生活的重心，那就有偏差了。我们还没到足以理解喜欢的年龄，又拿什么去分辨你的喜欢有几分真、几分假呢？

阳光灿烂的季节

人和人之间有时候就像是有磁场在起作用，会让你不自觉地去欣赏一个人，然后悄悄地改变自己。

认识徐若梵之前，董鑫只是一个沉迷球类运动的男生，逮着机会就挂到网上，各种论坛、购物网站，你能轻易想到的，他都有涉及。但是他从不承认自己是网虫或是购物狂。他很认真地说："我逛各类网站，不是无所事事打发时间或是购物成瘾，我只是单纯地想知道一些与球类运动有关的新闻或小道消息。当然，也会努力淘一些球星签名的二手东西。"

因为家境殷实，和运动沾点边，也不能算不良嗜好。再加上他的成绩一直稳居中游，父母也就睁一只眼闭一只眼，没过多地干涉。

原本以为，他就会按着这条路线走下去，考一个一般的大学，过自己简单的生活。可是，他遇到了徐若梵，最终决定了他会和这条路线擦肩而过。

高二的时候，班上来了一个女生，说是之前一直随父母在外地上学，因为高考得回户口所在地，所以就提前回来了。

一开始董鑫倒也没有太关注这个女生。一次球类课，他踢出去的足球滚到她附近，他让她把球扔回去，接连叫了好几声，她都没搭理。

走过去捡球的时候，董鑫有些生气，便故意用球砸了一下她的脚跟。当然，他这么做，纯粹就是为了发泄一下小小的不满。

换了其他女生，被砸了肯定会哇哇直叫。她却只是看了他一眼，然后弯腰下蹲，轻轻用手抚摸了一下被击中的脚跟。这情形反倒显得董鑫小家子气了。

他的磁场被干扰了。

那之后，董鑫就开始留意她了。原本长相一般的女生，突然像被美图秀过了一样，变得越来越美好了。

一次晚自习后，他忍不住跑到她面前表白。她静默了几十秒，就在他的小心脏扑通扑通跳得快要从喉咙飞出来的时候，她说话了。

"不觉得我们能考取同一所大学概率会更高吗？"

他傻傻地站在原地，看着她走开，直到半天才反应过来，她没有拒绝！他兴奋地蹦了起来。

他的目标瞬间变了，不再是球类运动，而是怎样才能赶上她的成绩，进而考取同一所大学。

他眉飞色舞地对我说："当一个人有了目标、有了理想后，整个人的状态就不一样了，就像吃了菠菜的大力水手。"

董鑫就是吃了菠菜的大力水手，他成了啃书达人。上课的时候，两眼睁得溜圆，下课不懂的赶紧问老师。老师被他突如其来的积极态度惊着了，偷偷给他父母打电话，委婉地询问家里是不是发生了什么变故。

就凭着这股拼命三郎的冲劲，董鑫离徐若梵的排名越来越近。徐若梵被他的精神激励，也加足马力，两个人你追我赶，成绩都直线上升。

"全身心投入学习的时候，学习的魅力就出来了。"他不好意思地咧开嘴，"不晓得是不是我天生有受虐倾向，我最喜欢做难题了，解出难题，比吃鸡翅都快乐。"

尝到学习乐趣的董鑫，对最初的学习动机反而没那么关注了。偶尔，他也会和徐若梵一起讨论题目，也能心平气和地把心放到它该在的位置。"我觉得吧，我和徐若梵是磁场相近的两个人，我们相遇是为了我们纠正错误的生活方向，更好地生活下去。"

写这个故事的时候，董鑫已经如愿以偿地坐在北京大学的教室里。

"我和徐若梵还保持着联系，自己也说不清什么时候发现徐若梵当初只是为了应付我。不过我还是很感谢她。"

董鑫的计划排得满满的，我不敢多打扰，我不知道这算不算他的爱情，但是我知道，这个曾经让他自动开启美图模式的女孩会一直留存在他的记忆里。

能剥开爱情，理性地看懂爱情本质的并不多。不过，可以尝试把爱情画成平行线，无交集，却能积极向上。若干年后发现，当年的爱情原来只是让自己努力的一个理由，那时又是另一番滋味。

因为懂得，所以奋起。

永远不会告诉你

他在我面前静静地坐了半个小时。

是的，静静地。这个过程中，他没有过多的表情，也没有触碰桌上的水杯，安静得就像个摆件。只是因为体积过大，让人不能忽视。

就在我以为他不会和我聊什么的时候，他的头突然抬了起来。

"我出生后没多久爸爸妈妈就离婚了。爸爸一个人把我带大，很辛苦。按说我对妈妈没印象，应该不会想念她才对，可是不知道为什么，我常常在睡梦里梦到妈妈，虽然看不清脸，但感觉特别可亲。"他的双手紧紧地抱住茶杯，"我想念我的妈妈。"

"但是我不能把这种想念告诉我爸爸，我只能一个人偷偷地想。"他再次沉默，神情有些落寞。

我没有催促，耐心地坐着。

"初二的时候,我们班来了一个刚从大学毕业的英语老师。"他的手指在茶杯上无意识地划动着,"长发齐腰,爱笑,笑的时候会露出一排不够齐整的牙齿,感觉很亲切。以前我是不喜欢英语课的,换了老师了,就喜欢上了。我不敢举手回答问题,但是有时哪怕没举手,她也会叫我的名字,让我回答问题。因为她的重视,我心里偷偷高兴。"

他陷入了某种回忆中。"那时,天已经开始冷了,但是我还是穿着令我引以为傲的薄外套,因为我觉得我穿着那件外套最帅气。但是我帅气得过头了,没考虑到把毛衣穿里面,因此感冒了。上课的时候,我坐在那开始咳嗽。其实班上咳嗽的学生不仅仅是我一个,可能因为我穿的衣服最少,所以她注意到了我。那天中午上自习的时候,她把我叫了出去,偷偷地塞给我一件湖蓝色的新毛衣,坚持要我穿上。之前我并不喜欢这种颜色,但那次之后我就喜欢上了。"他指了指脚上的运动鞋,一片湖蓝。"感觉这颜色太漂亮了,让我爱不释手。"

他接着回忆。"那是我最开心的一段日子,穿着她买的衣服,又能天天看到她。"他抿了一下嘴唇,"我还能在睡梦中见到她,有时觉得她是她,有时又觉得她是妈妈。不过,不管是哪一种,我都很喜欢。"

他双手交叉抱在脑后,身体并没有因为这个动作而放松,反而绷紧了。"一开始我也没发现我的感情有什么不对,她关心我,我喜欢她,是融洽的师生关系,我依赖她、想见她只是因为她是老师,她关心我,我对她心存感激。可是,有一天,我前面的女生课间八卦,说英语老师没抵抗住学校某老师声势浩大的追求,已经同意交往的时候,我一下产生了一种天崩地裂的感觉,近乎于世界末日到来。我不知道怎么形容这种感觉,就好像所有的快乐都被抽走了一样。我一下意识到我对她的感情,超出了一个学生应该对老师的感情。我恐慌、痛苦、失落……我觉得我践踏了她对我的信任和关爱,又担心万一我不纯洁的想法被她知道了,她会以何种鄙视的眼神看我。"

我用眼神鼓励他继续说下去。"我病了,在家躺了整整两天。我就用这两天时间调整了自己的心态。其实也算不上调整,只是确定了和她相处的模式。"他苦笑了一下,"反正到现在,没有谁知道我对她的感情,我也想明白了,远远地看着她幸福就够了,我永远不会告诉她我真实的想法。"他看向我,很认真地说:"如果暗恋必须承受痛苦的话,那么,我愿意承受这份痛苦。只要她快乐就好。"

他离开的时候,我的目光再次落在他湖蓝色的运动鞋上。

学生时代暗恋老师的学生不计其数,因为学生的圈子比较小,除了家长外,经常接触的不是同学就是老师。而相对于同一年龄层次的同学而言,老师博学多才,更有见地。这就是老师的优势。

但是,这些所谓的暗恋都只能维持在某一特定的时间段。等到自己长大,有了自己的圈子,接触了更多的人,有了更多的比较,那段以为老师最聪明、最厉害的时间段就过去了,曾以为根深蒂固的爱情也就变质了。

因为原本那就不是爱情。

但是我没有剧透他这些,青春因为迷茫才会丰满,没有疼痛就没有蜕变。

遗失的温度

丁舒航,男,16岁,某高中二年级的学生。

出现在我面前的时候,他的外衣随意地搭在肩上,嘴角挂着坏坏的笑,有种不容忽视的张扬帅气。他直接开口问我:"听说你在做一份调研?"

他望向我。他的眼不大,却能让人联想到流光溢彩这个词,所以并不影响他的外在分。

"不是调研,是准备写一套有关青少年成长的书,所以找你随便聊聊。"我指了指椅子,示意他坐下,"我之前看过你的一些资料,知道你在学校里是个响当当的人物呢!"

他"嘿"地笑了起来,拉过一张椅子掉转了个,把椅背对着我,然后双腿分叉坐下,双手落在靠背上,下巴枕了上去。"我突然产生了一种糟糕的感觉,觉得很可能会成为你书里的反面教材。"

"哦,你觉得你生活得够反面?"我顺势而下。

"如果不够反面,你会找我吗?"他再次笑出声,"只是见面了是不是有点失望,我没有反面教材必备的张扬跋扈?不过我很好奇,你收集到的资料上是如何形容我的?花心大萝卜还是其他?"

"道听途说,哪有自己介绍来得确切?"我笑着说,"所以我就把你找来了。"

"这个,其实还真的很难讲。"他摸了一下鼻子,寻思很久才开口说,"按他们的计算,我谈过不下几十次的恋爱。最长的三个月,最短的两个星期。"

我承认我被这组数据惊到了,再次翻开他的资料,向他确认:"丁舒航,你确定你是16岁,一名高二学生?"

他哈哈大笑。"那是人家统计的。其实,对我而言,我能真正承认的只有一次。"他的表情认真了许多。

"那时我还在读初三,她是我们班的学霸。她的学习可好了,老是出现在学校的光荣榜上。当时我就想和学霸多接触,搞不好我也能沾点学霸的灵气。我追了她整整一个学期,没事找事地套近乎,小小地欺负她一下,转身又是道歉又是送奶茶。我想我对她的好感已经表达得很清楚了,可是她却不领情,一直不愿意搭理我,还把我写给她的情书交给老师。我在老师面前反省，转过身又继续追。最后，她被我搞得无趣了，说那就谈恋爱吧。"

他侧过脸，望着外面。"那是我最快乐的一段时光，可是快乐没能维持多久。我发现她答应我纯粹就是厌烦了我一而再再而三地打扰她，她不屑地对别人说我太烦了，在没有更好的方案之前，只好答应和我交往。她的随意伤害了我，我可是真喜欢她啊。我还是不太愿意接受她只是为了应付我这个事实。我故意接触隔壁班一个漂亮的女生。那女生喜欢我，我送她发夹，约着一起看电影，一直等着她吃醋。可是她却松了一口气，说那就好了，我们可以分手了。她轻轻松松地和我拜拜了，当然我和那女生也拜拜了。"

他说得很平静，仿佛事情过了很久。"有了这两次经验，上高中后我就得心应手了。我常和几个哥们打赌，几班的谁谁我能用多长时间追上她。那些能列入我们名单的女生，都是长得比较好的。我赢了，他们给我什么奖励；我输了，我请他们吃饭什么的。"

我错愕地看着他。"你把这当游戏了？"

"除了游戏这词我还真想不出其他的什么来，可能是我太寂寞了吧。"他无聊地笑了一下，"我的成绩一般，其他方面也没什么值得称道的优势。在同学和老师眼里，也就是很平常的一个人。太平常的生活多无趣啊，我总得给自己找些乐子。现在这样感觉挺好的，不会涉及太深，没有太多负担，轰轰烈烈地追求一番，再义无反顾地抛弃。反正原本就没有爱情。"

"现在还会挂念那个学霸吗？"

"没有了。"他没有看我，"我觉得我可能是个天生缺乏温度的人，但是经过初恋，仅有的温度也遗失了。"

从学校出来，我接到了他班主任的电话，追问我对他的看法是什么。我想了一下，说："或许，他追逐的不是爱情，而是一种用心感受的温度。"

成长的过程中,不管出于何种原因,总有那么一两个异性同学能进入我们的生活,我们急需得到他们的认同。可是,这些终将成为我们感情经历中的一小段。

正因为没有结局,所以才刻骨铭心。

我们称之为初恋。但是,初恋往往是没有结果的。所以,不要让初恋影响我们正常的人生轨迹。

眼睛里的翅膀

"这孩子实在是太令我失望了。"他的妈妈无奈地叹着气,"我都说了很多次了,不能早恋,不能早恋。可是他,嘴上答应得好好的,却偷偷恋爱了。我就说成绩怎么会往下掉呢,结果一次他忘了下QQ,我竟然发现他天天在和一个女生聊天,这可把我给气坏了,他竟然还不承认他错了……"

妈妈喋喋不休地抱怨着。"吃的穿的用的,我们尽量给他最好的。为了配合他上补习班,我辞了职,每天对着他的作息表,一天到晚围着他转,我这样辛苦又是图啥呢?他这样咋对得起我呢?……"

我听了半个多小时,把主要精神领悟了两遍,眼看她要给我温习第三遍的时候,我实在有些吃不消了,我委婉地打断了他。"这位女士,我想我已经明白你的意思了。现在我能和你的孩子聊聊了吗?"

她尴尬地笑了一下,总算退了出去。

"你也见识了我妈妈的嘴上功夫了吧,这只是她其中一个强项。"他苦涩地笑,"我的起床时间,每天穿什么颜色的衣服,穿什么颜色的袜子,都是她安排好的。补习班也是她决定的。她从不问我喜欢做什么、讨厌做什么,只会一味地灌输给我固定的观念:她是为了我好,我必须按照她的安排去做。"

我没有说话。

"我以为每个妈妈都是和我妈妈一个样子,所以即便有些厌烦,却也认同了她的做法。学校,家,补习班,三点一线。毕竟用你们大人的话来讲,她是为了我好,她的出发点是好的。但是有次妈妈因为临时有事来迟了……"他笑着说,"那时我在读高二,我站在校门口等妈妈的时候,旁边站着一个高一的女同学,撒娇地给妈妈打申请,说星期天想去哪里玩,她妈妈爽快地答应了。我有点吃惊,因为在我的印象中,这些额外要求,都是被妈妈一口回绝的。我很羡慕,忍不住偷偷看了她一眼,就记住她了。"

他低下头。"后来在学校又碰到过她几次,并没有交流。一次中午,她在食堂吃饭,因为菜不合口,她和同学抱怨。妈妈给我带的菜多,我寻思一下,便走了过去,想和她分享妈妈的手艺,但是她拒绝了。不过后来再遇到的时候,她会主动和我打招呼,再熟悉一点的时候,我们交换了QQ号码。晚上作业做烦了,我就偷偷和她聊几句。她乐观幽默,让人很轻松。原来并不是每个学生都要把假日献给补习班的,他们也有自己多彩的生活,能做自己喜欢做的事情。"

他无奈地看向我。"妈妈说我早恋了。其实我也不知道我这算不算早恋。我承认我很喜欢那个女孩,只要有时间我就想与她交流。虽然我们交流的内容无关学业,但也并没有涉及太多的情情爱爱。她是一个有激情、有活力的女孩,一次简单的旅行在她嘴里也会变得绘声绘色,美妙异常。我很喜欢和她聊天。我觉得吧,她能带给我另一个完全不同的世界。我也承认聊天影响了我的学业,但是,想戒舍不得,我还是有些厌倦自己之前太单一的生活,沉闷得让人喘不过气来。"

我观察着他的表情,在他挣扎的时候,掐断了他的话头。我问:

"你有没有想过一个问题?"

他认真地看向我。

"你喜欢的可能不是那个女孩,而是不被束缚的自由。"

他沉默,很久没有说话。他妈妈进来的时候,他还处在这种呆滞的表情中。

过后,他妈妈打电话给我,颇为紧张地问:"他有说什么?他承认早恋了吗?"

我想了许久才回答:"我想,他只是从那名女生的眼睛里看到了一对翅膀。"

大人总会在发现孩子的感情变化后,万分敏感地要求孩子变回来,却总会忽视孩子为什么会变化,而这忽视掉的恰恰才是最需要知道的。

所以,关心孩子不是坐在一旁监督孩子,不让他有任何意外情况发生,而是和孩子交朋友。要记住,一味地付出没有交流来得可贵。很多时候,大人眼里的爱情,只是孩子们那颗渴望自由的心。

今天,你和孩子交流了吗?

融化掉的冰激凌

热闹的步行街有一家比较出名的甜品店。店的背景墙是一排简洁的菱形书橱,仿古摆设中穿插着几本现代书籍,打着柔柔的灯光,别有一番书香韵味。这绝对是午后休闲的一个好去处。

遇到思路卡壳,或是想一个人静坐一下的时候,我就会去那边点一杯咖啡,坐上一两个小时。

去的次数多了,我就留意到一个男生,几乎每个周日的下午都会出现在那里,点份双色的冰激凌球,然后从书包里掏出作业,安安静静地做题。

观察了几次，我发现了一个更有趣的现象，他都只吃其中一个口味，另一个口味的冰激凌到最后都融化在小碗碟里。

"明明不吃为什么要点两个呢？这不是浪费吗？"我故意上去"寻事"。

他没理我，继续做题。我也不打扰他，安静地在他对面坐下。没多久，他就抬起头。

"我见过你，你来过我们学校。"见我一副木鱼脑袋不开窍的模样，他忍不住提醒，"十二中，校周活动，你讲话了，我还作为学生代表给你献花了。"

我总算想起来了，拍了一下脑门，佯装生气。"那你还不搭理我？真是个不可爱的小孩。"

他干脆把手里的笔放了下来。"好吧，那么不可爱的小孩就可爱一回吧。说吧，想从我这里挖什么故事？"

我对着冰激凌努了一下嘴。

"哎，果然！当真是怕什么来什么。"他看着盛放冰激凌球的小碗碟，慢悠悠地说，"我这人吧资质平平，成绩中等，不劳老师太费心，也不属于特省心的。就像那次献花，可是我自己跑去申请的，凭我的好口才，过五关斩六将才争取到的。"

说完，他挑剔地看向我。"不过还好，没令我失望，真人比照片漂亮了一点点。"

我没有说话。见我不准备和他互动，他才收起泼皮的形象，恢复成一副好学生的模样。"半年前我来这里吃甜点，点餐付钱的时候发现钱没带。当时很尴尬，因为我嘴快，已经啃了一口蛋糕。当时隔壁学校的一个女生排在我后面，见我半天没动静，她替我付了钱。"

他看了一眼已经融化的冰激凌。"当时她点的就是这个口味的冰激凌。她吃着冰激凌的时候,我就在旁边耗着,一定要她的名字和电话,坚持要把钱还她。她当时的表情可好玩了,可能觉得遇到小泼皮了,有些后悔美女救英雄了。到最后实在挨不过我的好口才,名字和电话都给我了。我借着还钱的机会,去见过她一次,也不知道怎么回事,反正后来总会情不自禁地想起她。我觉得她比我们学校的所有女生都要漂亮,都要可爱。我觉得我喜欢上她了,所以又特意去他们学校找过她,表达了我的想法。她拒绝了。"

"那你这是……?"我指着冰激凌。

"这是我给自己的一次机会,我每周日过来坐一个小时,25 次,差不多半年时间。如果有机会再遇到她,我就告诉她每次我过来都多点一个她喜欢的冰激凌。如果不能遇到,那就当一个游戏了。"他耸肩,"反正我觉得还是蛮有意思的。"

"因为她帮助了你,所以……"

他笑了。"我只是觉得吧,愿意为一个陌生人花费两块钱的女生是很大方、很善良的。这样的女生很少,既然遇上了,总得争取一下,即使不能做恋人,还可以做朋友。"

他站起来舒展了一下胳膊。"今天又得结束了,很高兴你过来打扰。这个游戏还有两次就结束了,虽然还没等到希望等到的人,但还是很高兴多了一个游戏见证人。"他挥手,背起书包毫不留恋地走了出去。

我突然有种特心安的感觉,用 25 份冰激凌学会忘记一个人,也算是比较成熟的选择。

但是生活中,又有多少孩子能这么成熟呢?他们更多的是自怨自艾,沉沦其中,影响了学业之余,还一层层剥落了自信。

他们不知道经历之所以谓之经历,就是它只是人生中短暂的一首小插曲罢了,怎么可以把插曲当成剧情呢?

孤单的路人甲

朱匀加向我走来的时候,已经是黄昏了。太阳刚刚下山,云层还残留着太阳的明媚,给他的身子镀上了一层金黄。

他披着这层金黄,孤独落寞,背光而来,我完全看不清他的表情,恍惚之间想到的第一个词就是孤单。

是的,孤单。

朱匀加是孤单的。他不是本地的学生,总是随父母的生意变更在各地转来转去。一个地方刚混熟,又要往另一个地方了。

"这么久的迁移生活,我早就明白对于固定的人群而言,我只是可有可无的路人甲。悄悄地来,悄悄地走,不会影响到任何一个人。没有朋友,一个人吃饭,一个人做作业,一个人上厕所,一个人逛街……我不喜欢这样的孤单,曾经也费尽心思地尝试着交朋友,可还没有交到朋友,却又不得不挪地方了。"他轻轻地笑,没有快乐或是悲伤。

"我已经习惯了这样的生活节奏。可是这次——"他纠结地停顿了一下,"我的前座是个女生,不晓得从哪听说我经常转学没有朋友的消息了,瞬间母性光芒爆棚。早上给我带早餐,下课陪我聊天,我感冒了给我买药……前一阵我头发长了,随意说起要去找个地方理发,她自告奋勇陪我一起去,整个过程一直陪着我。洗头的时候她在,理发的时候她在……你可能不能明白我当时的感受。一个孤独惯的人,突然被别人这么热情地对待,除了受宠若惊,很容易依赖上瘾。"

我点头,示意他说下去。"我开始黏她。晚上不停地借着问作业、不会答题给她打电话;早上又故意迟到,几次三番之后,每到起床时间,她就会给我打电话;中午吃饭,我又嫌弃食堂师傅的普通话不好,我听不懂他的话,她就担负起替我打菜的任务……我们在一起的时间很多很多，以至到最后，班上流言蜚语很多，说我和她在谈恋爱什么的。我从不正面回答这个问题，心理上虽是满足的，嘴上却常常对她很不屑。我让她离我远一点，让她不要烦我，似乎只有这样才能把自己提升到更高的高度，变得更酷。"

说到这里，他皱了一下眉。"我的本质是自私的，明明是我依赖她，却造就了一种假象，变成她依赖我，喜欢我。我从没有考虑到她的压力，一直在这种自己营造出来的世界里快乐地生活着。直到有一天，老师把她和她的妈妈叫到办公室，她的妈妈当着老师的面甩了她一个巴掌。她哭着跑了出去，她妈妈也哭着追了出去。当时我还不知道发生了什么，在她哭着跑出去的时候，我还在对同学吹嘘她太烦人了，都不让人安宁，要不是偶尔得问问她如何解题，我早就不理她了。她红着眼睛进来了，扫了我一眼。那一眼，凉彻心扉。从那天以后，她就不理我了。和她说话，她不理我；给她打电话，她关机；早读课的时候，嚷嚷胃疼，她假装听不到……我那么想抓住她，可是她却走远了。"

事情到这，似乎结束了。我倒想看他对此有什么反思，因为那意味着成长。

"我原本就是一个孤单的人，在温暖触手可及的时候，我却很随意地让这份温暖支离破碎。"他嘴角堆起酸涩的笑，"不过，这样也好，在我离开的时候，也就不会有太多的牵挂和不舍了。"

他轻轻地说着，可是，我还是从他的眼睛里看到了太多的牵挂和不舍。

我见过他后没多久，他又办了转学手续，开始了他下一段旅途。据说，他离开的时候，还是忍不住拨打了她的电话，但是，提示音还是显示她关机。

记住，不要炫耀别人对你的好，那不是你可以炫耀的资本，这样做只会践踏一颗纯真的心。

仰望天空的角度

黑色的夜幕下，一个男孩一直在翘首仰望，期望漆黑的云层能不小心遗漏下一颗星星，可以带给他光明与快乐。

他是特殊学校的一名学生，先天不会说话，很自卑。他不想把自己的残疾暴露在别人面前，所以人前不愿意打手语。不明内情的人以为他是个没良好家教、狂妄自大的人。

他从不纠正别人的观点，在他眼里，什么样的缺点都比他的残疾来得好。至少那是健全的，不会看到别人或嘲笑或同情的眼神。

他害怕被健全的人当成异类。

他的改变来自于手机。14 岁生日的时候，爸爸给他买了一个智能手机。手机就像给他量身定制的大面具，他可以光明正大地躲在面具后面，肆无忌惮地做自己喜欢做的事、想做的事。在这个面具的后面，他就是梦中的健全人，可以随心所欲地和陌生人聊天气、聊心情、聊新闻，不用卑微地打着手势告诉别人："对不起，我不会说话。"

那是他最向往的。

他躲在面具后面，开始疯狂地加微信、聊 QQ。某天午夜，他被一条请求好友的申请消息吵醒，是附近的人，头像显示是一个短头发的女生。

女生说她脑子笨，学习太差，作业不会做，她看不到希望在哪里。他从弱势群体瞬间演变为超人，耐心地开导和安慰这名女生。之后，他的自信心膨胀，幸福感膨胀。

那之后，他常常和女生交流。吃早餐的时候，会晒一张图片给女生，让她再辛苦也别忘了吃饭；女生感冒的时候，他会隔一个小时提醒她喝开水；出去买衣服的时候，他会很自然地拍两套喜欢的衣服，让她给他做最后选择……

他小心翼翼地发给女生一张自己的照片，又小心翼翼地问女生要她的照片。得到快速的回应后，他的心变得暖暖的。他把她的照片设置成桌面背景，没事的时候点开看一眼。屏幕暗了再点开，再看一眼，这样的动作一天到晚不厌其烦地重复很多次。

他变得很快乐。

他很满足，觉得这已是人生最幸福的事情了。可是，女生却不这么想，她提出了视频。

一个小小的要求，轻而易举地再次把他打回原形。

"其实，我真想和她视频，真想和她见面。但是，我怕。我怕我出现在摄像头前面对着她的笑脸的时候，因为我发不了音，说不了话，她就弃我而去。与其让她看到我的残疾后把我遗忘，还不如我以健全人的身份率先疏远她。"他颤抖地在纸上写了这句话。

他开始疏远她。

她问他在干吗的时候，他没回复；问他吃饭了没有的时候，他没回复；问他为什么不说话的时候，他没回复……终于有一天，她不再问他任何问题，像从来没在他的生命中出现过一样，完全地消失了。

而寂寞的夜，他仍然抱着他的手机，静静地窝在床上，翻看着漫长的聊天记录，以及后面一长串的问题：你在干吗？吃饭了没有？为什么不说话？……

那个下午，很安静。我和他坐在学校附近的小茶吧，我看到他对着面前的茶具拍了照，好几次想发出去，但最终没有。

离开小茶吧的时候，他仰起头凝望一碧如洗的蓝天。我突然想起一句话：仰起头就不会让眼泪流下来。

我有一种说不清的悲哀。

有些结果是不需要头破血流后才能获取的，尽早抽身，虽然伤心，但至少可以仰望天空，假装很快乐。

第一根棒棒糖

"如果可以的话，我希望时间永远停止在今天。"

这句话是张牧说的。第一眼见到他的时候，我就觉得他适合做一个诗人。

诗人是忧郁的，他也是忧郁的。他的忧郁可以从他的眼睛里渗出来，唱忧伤的歌，念忧伤的诗，讲忧伤的事……甚至在对我讲述过来的路上看到一条被车子撞死的猫时，他的眼里都是满满的忧伤。

"真不知道它在最后一刻想到了什么？"

那时高考已经结束，所以我知道他说的最后，一方面指的是猫，另一方面指的是他班上的文艺委员。

因为在高考结束的当天下午，她没有参加班上的欢庆活动就走了。

"我是班长，她是文艺委员，因为要组织一些活动什么的，我们经常有接触。在一起的时间多了，就有淘气的同学开始开玩笑，说我们再缘浅，也因为天时地利人和，变得缘深了。原本开玩笑的话，听得多了，不知不觉就觉得是真的了。看到女生买花花绿绿的东西，我会想不知道她喜欢不喜欢这些东西。过节或过生日的时候，不是费尽心思地给她一份礼物，就是想着她会不会送我礼物。"

我安静地听着，他继续说："那时我还常给一些报纸杂志写稿，写着写着，女主角就会变成她的模样。我觉得这没什么不好，偶尔稿子录用了，我也会把样刊拿给她看。我不是多话的人，我想她应该能明白我的心思。有时她和别的男生讲话多了，我就会想，她是不是不喜欢我了，会不会喜欢别的男生了？但是，事实是我们之间都没表白过，又何来喜欢不喜欢之说。"他无奈地笑，"我只是在一个人的世界里，想象着两个人的故事。"

张牧的伤感感染了我。我找到那名文艺委员的时候，这股情绪还影响着我。

"你说张牧？"她哈哈笑了起来，"我当然熟悉他了，同学们都说我们是一对儿呢！"她伸了伸舌头，她的直接令我吃惊。

"我们这年龄，对感情懵懵懂懂，自己搞不清咋回事呢，同学们都帮你总结出来了。不过这样也好，我也算名花有主的人儿了，外面的乱蝶狂蜂就不会打扰到我的学习了。"她调皮地扭了扭鼻子，像是在说一件和自己完全无关的事情，很淡定。

"仅仅为了学习不被打扰你才放任了谣言的存在，你没对他有过好感？"我问。

"也不能说全无好感。处得多了，感情肯定比一般的同学要深厚。不过和你所谓的好感应该有一段距离。有好吃的好玩的，我会想到他，但这只是一种习惯。习惯成自然，并不一定是感情引发的。"

"那你如何看待他对你的感情？"我忍不住问。

她皱眉想了一下。"应该就像棒棒糖，别人说这根棒棒糖是你的，然后你就理所当然地认为棒棒糖是你的了。在他眼里，我就是别人嘴里的那根棒棒糖，因为别人告诉他，棒棒糖是他的，然后他也就觉得是他的了。"

说完，她突然忍俊不禁地大笑，然而假装严肃地说："但棒棒糖有发言权吗？我们扯这做什么？"

伤感迎刃而解，我大笑。

很多时候，我们纠结于一段感情中不能自拔，却不知道其实连自己都没入戏。

❋ 生活，不能忽视的细节

从手指缝里看天空

杜飞在成为我微博粉丝的时候，我在准备一本书稿，时间安排得比较紧，所以很少刷微博。他就在我最忙的时候，给我发了一条私信，他说：我能见见你吗，我很想跟你讲一个故事，你太忙了。

知道我太忙了，还要见我？我哑然失笑，却还是记下了这个名字。

杜飞在B市，离我所在的城市说远不远，说近也不近。我当然不可能在很忙的时候，跑这么一趟路。

而后的一段时间，他一直重复这个问题，提了好几次。直到几个月后，我正好途经他的城市，突然想到这座并不熟悉的小城还有个更不熟悉的杜飞时，便临时决定逗留几个小时。

给他留言的时候，他还没有放学，我坐在离他学校很近的一家名叫什么基的西式快餐店，点了杯饮料。因为时间还早，我便从包里拿出一本书，看了起来。

直到零星有学生从外面走进，点汉堡的，买饮料和薯条的，我的头才抬起来，暗自揣测下一个推门进来的会不会是杜飞。

这样的过程其实是很无聊的,因为很少有这样的经历,我倒也乐在其中。我一眼不眨地盯着门口,直到一个身影在我的对面坐下,我才后知后觉地笑了起来。

杜飞穿着一件卡其色的风衣,有些大,把他裹在里面,显得他有些瘦弱。

见我看他,他有些腼腆,不好意思地摸了摸脑袋。"太仓促了,都没什么准备。"他不安地解释,"外套还是从同学身上扒下来的,那小子一开始还不愿意,我好不容易才磨下来的。"

"别人的衣服更帅气吗?"我问。

"帅气不帅气是小事,能体现我的重视才是大事。"他一本正经地说。

我哈哈大笑。

虽然平常偶有聊天,但是我从不知道这个男孩这么幽默睿智。我为我临时的决定感到庆幸。

杜飞的故事很简单。他的爸爸妈妈都不喜欢吃鱼,所以家里基本没有鱼这道菜,偶尔在别人家的宴请中接触到那道菜的时候,他总觉得腥味太厉害,很反感。所以,他也不喜欢吃鱼,不,不是不喜欢吃,是完全不吃鱼。直到初中毕业,同学聚会,因为马上要分离,每个人都有说不出的压抑和难受。这个时候,一个关系很好的同学给他夹了一筷鱼肉,泪眼婆娑的他也没细辨,便咬了下去。让他没想到,这是一个从没尝试过的好滋味。

这就是他想告诉我的故事?说自己学会了吃鱼?

我疑惑,但没有催促,而后又是有一搭没一搭地闲聊。直到分别,他也没有再说别的故事。

或许他又不想说了吧,我帮他找了一个理由。

和他从那家西式快餐店出来的时候,他突然叫住我,问我有没有从指缝里看过天空。我把手捂在眼睛上，手指慢慢伸开一条缝。视线瞬间变得很专一，想看天空，入眼的就是天空；想看行人，入眼的就是行人；想看大树，入眼的就是大树。

"感觉是有点不一样。"我感叹。

他笑了。"很多人都有的坏习惯。习惯了手指缝里看天空，就看不到其他的美景；习惯了放眼看天空，就缺乏了对天空的专注。"他望向我，"这就是我找你的真正目的。"

说完，他背对着我挥了挥手，蹦蹦跳跳地走了。

我联想到他刚才说的故事，突然就懂了他为什么说我忙，还要找我了。

很多时候，我们执拗着我们的计划、我们的安排，完全忽略了计划和安排之外的生活。人生没有单一的方向，得学会尝试那些貌似不合拍却可能很走心的精神享受。

我很感谢杜飞。

井底的快乐

每个人的快乐是不一样的，在我们眼里的快乐不一定是别人的快乐，在我们眼里的悲惨不一定是真的悲惨。

三个月前，看完电影回来，我看到我们小区门口多了一辆卖关东煮的手推车，扫了一眼我就进去了。

后来晚归的时候，就常常看到这辆手推车了，生意似乎还不错，车前常常围着三两个人。原本我对这种吃食就不是太感兴趣，所以也就没有多留意。

倒是一天，我到家掏钥匙开门的时候，邻居家的孩子碰巧也回来，手里端着一份关东煮，叫了我一声阿姨。

我随口说:"楼下买的?好吃吗?"

"还好吧,反正是我喜欢吃的。那哥哥也不容易,就当做好事吧!"他老气横秋地说。

我笑着问他:"咋不容易啦?"

他惊讶地看着我,说:"阿姨你没看到吗?他是带着妈妈一起来的呀!"他家的门打开了,他对我说了声再见就进去了。

我却对他说的起了兴致,把刚打开的门关上,再次走了下去。

我过去的时候,他刚做完一笔小生意,坐在旁边的小凳子上歇息,见我过来,赶紧又站了起来。

他的个子不高,倒也不是很清瘦,看上去结结实实的,像是有些力气。如果不是这张稚气未脱的脸,年龄绝对可以往上虚报几岁。

我随意地点了几根串串,眼扫过去,略略停滞了一下。他身后一两米的地方,摆放着一部轮椅,轮椅坐着一个短发的中年妇女,目光怜爱地落在他的背影上。她应该就是他的妈妈了。

这个有些出乎我的意料,我于是没话找话。"听邻居说你这里的口味还不错,我也来尝尝。"

他很开心地笑了起来。"谢谢你能这么说。这里的食材都是妈妈白天在家挑拣的,贡丸和肉串那些也是她亲自串的,不是批发来的,全是纯手工的。"他回头看了一眼妈妈,"妈妈可辛苦了,每天早上我把原材料买回来,她就要忙一天。她的手原本还算蛮细腻的,现在都粗糙得不像话了。"

妈妈慈爱地责怪他:"这孩子,我都这么大岁数了,哪能一直皮肤细腻啊。你辛苦倒是真的。每天看你这么忙、这么累,我真心疼啊。"

"妈,你这说啥呢?"

因为又有人来吃关东煮,我识趣地让了一个位置。接着,我从旁边走过去，和这位母亲闲聊起来。

"你也瞧见我的状态了，一般的生活能自理，做个饭、上个厕所什么的。但是对孩子有什么帮助那是不可能了。有时很恨自己这样，压力大了，脾气也很不好，常常无故对他发脾气。孩子一直很体谅我。后来孩子就对我说现在这个设想了，他说我是觉得自己没有体现自己的价值才这样自怨自艾的，要找点寄托，还说这是老师说的。我也不懂这些，一开始也反对，毕竟家庭比较拮据，靠他爸爸在外的一点打工钱，和政府的一点补助，委实不敢做什么尝试。但是挨不过孩子一而再再而三地要求就答应了。不过还是蛮开心的，筹备资金的时候，亲戚都很爽快。现在啊，就是心疼孩子太辛苦。他让我不要陪他了，但是做妈的咋可能放心呢！"

"孩子还在上学吗？"

"嗯，初二了。他准备初中毕业后直接上技校，这样可以早点出来工作。我觉得他的这个设想也挺符合我们家的情况的，也就没反对。现在啊，他到家我一般就把晚饭做好了，吃完了就做作业，然后出来摆摊，一般九点半也就回去了。否则身体会吃不消。"

可能很少有人能陪他妈妈聊这么久，所以他很快乐，我离开的时候，他还坚持要送我几根煮得很入味的肉串。

"我挺满意现在的生活的，妈妈开心了，我也很充实、很开心。"

我突然想到井底之蛙的故事。其实，只要自己愿意，在一角天空下做快乐的自己有何不可呢？那是对人生的一种认同，也是成熟与长大。

每个人有每个人的道路，我们不一定要跟着别人走，人家穿的登山鞋登山，你穿着拖鞋也学人家登山，合适吗？

看清脚上的鞋，走适合自己的道路，也是一种智慧。

碗里的快餐面

我很喜欢眼前的这位男孩。

他很准时，没有提前到场，也没有迟到。一双白色球鞋，简洁的白色短袖T恤加蓝色牛仔裤，顶着一头最简单的小短碎，丝毫没有刻意的镇定和伪装出来的张扬。

拉开椅子坐下的时候，他依然挂着进来时的那股浅笑。"我应该没有迟到吧？"

不卑微、不浮躁、淡定、自信，这样的孩子真的不多。

聊过几句，我问："我听说你写过一篇作文叫《我的理想》，你当时写的理想是想吃一碗快餐面。这是真的吗？"

他笑着点头。

"老师把我的这篇作文在班上读了，说观点新颖、字句漂亮，就是把吃一碗快餐面作为理想，格调低了些。"他认真地坐着，"我被同学们笑了好长时间，那阵经常有同学对我说请你吃快餐面好不好？"

他似乎在讲别人的事，并没有因为在讲一件有些丢人的事情，变得难堪。相反，他一直淡定地笑着，很坦然。

"他们觉得我是恶作剧，其实不是，我说的是实话。长这么大，我真就没吃过快餐面。"他微笑着，"我知道这是一个旁人无法想象的事情。——如果别人告诉我他没吃过面包，我也不太会相信。——但是，这恰恰就是事实。"

他优雅地端起茶杯喝了一口茶，接着说："我妈妈是个很重视个人素养的人，她觉得饮食是最基本的个人素养，所以对待饮食从来不马虎。即便前一晚睡得很晚，第二天她仍然会很早起床，给我们做早餐。烤了面包就喝牛奶，做了米粥就配小菜。她绝对不允许我们的生活和煎饼果子、快餐面这类东西搅和在一起,她觉得那是生活态度不明朗,连吃都凑合了,那人生就变得将就和肤浅了。这样的理论,我从小听到大。

"听得多了,错的也会变对的。更何况从字面上看,她的理论并没有错。而且,她又那么和蔼,那么有修养,那么美丽,让我不得不信服她的理由。所以一直以来,我都认真地扮演着乖儿子的角色,做她喜欢的事,做她认为对的事。但是,不去做并不等于不向往、不渴望。我也会很羡慕那些可以心血来潮就跑去吃路边摊的孩子,也会想有一天可以肆无忌惮地吃他们吃的东西。

"那时还小,一次我和奶奶逛街,路边有卖糖葫芦的,插在那个什么东西上面,太漂亮了。我实在忍不住了,就让奶奶给我买了一根。结果肚子不争气,很快就不舒服了。然后糖葫芦事件就曝光了,妈妈知道了很生气,还责怪了奶奶一番。具体的内容我记不住了,但我知道奶奶那次很难过。那之后,我就很自觉了。那是我人生中唯一的一根糖葫芦,现在想起来还是很甜、很好吃。

"读小学的时候,外面小卖部里面的各种零食都与我无缘,妈妈说那不卫生。同学吃的时候我很羡慕,但是我还是努力摆着小王子的姿态假装不感兴趣。后来上了初中,下雨天的时候,有些同学中午懒得回家,就在小卖部买了快餐面用开水泡着吃,每次经过的时候,快餐面的香味就从小卖部里飘出来,那个味道瞬间击败了我从小到大维持下来的矜持。真的太香了。哎,可惜那么香的东西我一次也没吃过。所以,我觉得我把这个作为我的理想一点也不为过。"

我用力点头,但眼睛却涩涩的。

他明明是个很幸福的孩子,说的时候一直在笑,又有优渥的生活、高雅的气质,可是我却万分心酸。

很多大人一味地给孩子好的,却不知道孩子最渴望的恰恰是他们最不屑的。还是那句话，交流很重要。

回来的路上我特地去超市买了一碗快餐面，用开水泡开了吃的时候，我对自己说：你能随意吃快餐面，真的太幸福了。

那句话挂在了我的签名档上。

刺目的阳光

因为长期接触电脑，我的视力不是太好，所以决定去眼镜店重新配副眼镜。

我去的那天正好是礼拜天，店里还有几个学生在验光。

新来的实习生笑吟吟地过来，说道："要不先挑镜架和镜片，等下再验光？"

我点头，然后慢悠悠地挑着心仪的镜架。旁边有个十五六岁的男生也在挑镜架，边看边和母亲商量。

"随便拿一个架子好了，不用这么麻烦的。"男孩说。

"那就这个？"母亲小声地说。

"这个太老气了。"

"那这个？"母亲又换了一个。

"这个和我老师的一样，不行。"

"这个如何？"

"不要。"

母亲横了他一眼，不满地说："这个叫随便拿个架子？"

"我觉得还是最先看的那款好，要不我们就买那个吧？"男孩用殷切的目光望向他的母亲。

"你还在说那款啊！我都说了这几款和最先那款样式差不多，无非就是牌子不同，打折下来还差了三百多。"母亲委婉地拒绝，"我们浪费那个钱做什么？"

孩子哼了一下，反驳说："三百多怎么了？咋浪费了？你打牌的时候没见你把三百多放在心上啊！"

"这是两回事好不好？"母亲明显生气了，音量拔高，"眼镜最重要的不是镜架而是镜片，你作为一个学生，只是纯消费者，凭什么选品牌？"

"你也没工作，不也在随性输钱、花钱？"男孩不满地甩开手里的镜架跑了出去。刚才还振振有词的母亲一下慌神了，赶紧追了出去。

十几分钟后，她又回来了，不过回来的是她一个人。她有些气馁地对店员说："换孩子先前看中的那个镜架吧，算下多少钱。"她幽幽地叹了一口气，转过脸的时候，正好和我的视线对上。

她有些尴尬地笑了一下。"现在的孩子真难伺候，非要那个牌子的不行。"

我点头，算是认同了她的话。因为不是现配的镜片，她没有多停顿，等店员开了小票付了款，便急匆匆地离开了。

旁边的一个孩子用肩膀碰了一下他的妈妈。"看到没，像我这么听话的孩子已经很少了。哎呀，我都有些后悔了，你说我也闹腾一下，你是不是也会给我买好一点的眼镜？"

妈妈笑了。"什么是好一点的眼镜？"

孩子假装叹了一口气。"我错了，你还是当我什么也没说吧！"说是这么说，他还是紧紧地跟在妈妈的身边，一会说着这个，一会说着那个，一副其乐融融的景象。

我忍不住多看了他们一眼。

负责接待我的实习生笑了。"现在很少看到这样温馨的母子了吧，很意外是不是？"她感叹道，"现在的孩子都成精了，习惯把父母的爱当筹码了，经常能看到各种不达要求誓不罢休的大戏。"

可能她觉得她的话说多了，不安地瞟了他们经理一眼，见他没注意，又把头转了回来，偷偷对我伸了下舌头。"我还在实习期，是不是多嘴了？您别放在心上，听过就忘，听过就忘。"

我被她的念念碎逗乐了，很想再问她一些对现在孩子的看法，但看着她小心翼翼地盯着经理，也就不敢问了。

外面的太阳很毒。出来的时候，我条件反射地眯了下眼，阳光太热情了果然不是好事。我寻思，要不要把这个突然的顿悟发到朋友圈，让朋友们乐乐我间隙性的幼稚。但握着手机的手还是顿住了，如果爱太浓烈了，那么是不是也会像阳光一样刺目呢？无限忍让，无限包容，然后……

我的脑海瞬间飘过那个一去不复返的男孩。我突然想，如果家长以身作则的多了，那么还需要那么多的忍让吗？

这其实是个屡见不鲜的问题，有些大人为赶时间闯个红灯、插个队，随手往车窗外扔垃圾，偶尔再蹦出几句国骂……自己做着这些事，却要求孩子如何绅士如何高雅，这不是强人所难吗？有哲人说过，孩子就是大人的镜子，孩子身上反映出来的，其实就是大人的影子。

以身作则，真的很重要。

一张便利贴

超市购物出来，大门已堵，嘈杂的声音中，一位被围着的老人不安地四处张望。站了半分钟我才明白，老人迷路了，找不到自己的家了。

没有可八卦的话题，人群渐散。我原本对这种围观就不热衷，见人群松动，便慢慢地挤了出去。经过老人身边的时候，听到他一个人在喋喋不休地重复："我的孙子呢？我的孙子呢？"

老人木讷焦急的表情给我重重一击。

"你在找你的孙子?"我问。

见我搭讪,他粗糙的手"腾"地就落到了我的衣袖上,"我的孙子还没吃饭,我找他吃饭。"我想挣脱他的手,但是他却抓得更牢了。我只好耐着性子询问:"你的孙子在哪里呢?"

"孙子在……在……"他突然松开手,在口袋里翻找起来,"孙子在这里,在这里。"他战栗地从一只口袋里掏出一张便利贴,又从另一只口袋里掏出一张便利贴。"都是孙子,都是孙子。"

我哑然,接过纸片,上面写着一行字:如果您见到了这个寻找孙子的老人,麻烦拨打我的电话:138146×××××。谢谢。换一张,也是相同的内容。

我按照上面的电话打了过去,完整地叙述了事情的经过。男孩很急,请我帮忙照看一下,他马上就到。果然在警察到现场几分钟后,一个男生急急忙忙地跑了过来。

"孙子,孙子。"老人看到他,刚才压抑住的惊慌全面爆发出来,眼当即就红了,"我找了你好久了,走着走着你就丢了。"

"好了,好了,爷爷不哭,爷爷不哭,不是找到我了吗?"他掏出纸巾,耐心地安抚了好一块儿,才扶着老人打车离开了。

真是有孝心的孩子。

在家说起这件事,老公嘀咕:"这种不是应该留儿子和儿媳妇的电话的吗,咋是孙子的?"

我无法回答这个问题,犹豫再三还是从通话记录里找到这个号码,拨了过去。接到我的电话他很惊讶,不过他还是爽快地答应和我聊一聊。

"爷爷年纪大了,犯了老年痴呆症,经常出去了就不知道走回来。我就想了一个办法,给他用便利贴写了电话号码,便利贴带着黏性,不那么容易从口袋里滑走。其实，一开始我留的也不是我的电话，是他儿子的。但是他儿子……"他想了很大一会，还是没想到一个体面的词，所以直接跳了过去，"有时候听不到，有时候假装听不到，有时候听到了也不去。这也不是事儿，留着他的电话号码也不顶事呀。后来，我就把那个电话改成我的了。"

"你的意思是他不是你的爷爷，你不是他的孙子？"我惊诧地问。

"其实是不是孙子不重要。"他不好意思地笑了一下，"我倒从没考虑过这个问题。他是我的邻居，是看着我长大的。我比他孙子小两岁，小的时候我们常在一起玩，我也从他那吃到过很多好吃的东西。他那时很疼我的，差不多把我当他的另一个孙子了。现在嘛，他的孙子在外地上大学，他患了这病，儿子和儿媳妇觉得他有些累赘了，都不太搭理他。我看他真可怜，如果我见着也不帮忙的话，他得多凄凉啊。"

我瞬间又想到了另一个问题："接到电话你就这样从课堂上走出来？你的老师和父母没意见？"

"我的学习不好，读的是职高。爸妈早不管我的学习了。老师那边，我有说过的，说的是自己爷爷。一开始，这种电话过来，老师会拨个电话回去确认。有两次还是老师陪着一起去的。老师瞅着爷爷忒可怜，再遇到这事就一路绿灯了，只是偶尔还是会拨回电话确认一下。"

和他聊过之后，我突然变得很舒坦，看什么都觉得很顺眼。天空是蓝的，风是清新的，人是良善的。

我还特地跑去文具店买了几本便利贴，想着，我可以用它做点什么，我被自己的想法逗乐了。

有的时候，我们做一件事并不需要考虑太多的理由，对得起自己的良心就好。

闭上眼，听听心的声音

夏日的午后，光线被厚厚的窗帘隔绝在外，有点像暮色来临的黄昏。我躲在昏暗的空间里，除了空调一阵隔一阵的细微声响，倒也算安静舒适。

这样的氛围让我想睡觉。其实不仅仅是想了，事实是我真的闭上了眼睛。

就在我迷迷糊糊即将入睡的时候，电话骤响。原本的静谧瞬间被锯开了一条裂缝，像黑夜里的闪电，刺目得让人心惊胆战。

我惊慌地睁开眼睛。

电话是李翔打来的，一个不算太熟的男孩，平时人比较安静。之前也给我打过几个电话，但总是说了几句无关紧要的话就挂断了。这次又是为什么打来？

我疑惑地按下接听键，他的不安瞬间从手机里窜了出来。

"这事我一个人偷偷背了几个月了，几次想告诉你，几次又忍了下来。这几个月，我没有睡过一个好觉，心里就像压了一块大石头。我是真的忍不下去了……我不知道自己该怎么办，怎么办……"低迷的尾音被哽咽夹断，他哭了。

我恍惚又见到了当年那个还没长大的自己，和同学一起玩乐，不小心碰到了同学的手表，摔在地上坏了，顿时惊慌失措，脑海里唯一的问题就是：我该怎么办？我该怎么办？

"姐姐，你得帮帮我。"他抽泣着说。

我的思绪被他打断，在电话里又安抚了几句，然后约了一个地方见面。

李翔明显比我第一次见到他的时候憔悴了许多，垂头丧气靠在墙角的布艺沙发上，明显与他的年龄格格不入。

"姐姐，前几个月我做了一件很严重的错事。"他咬着下唇角，"一个礼拜六下午，我补习回来的时候，在路上看到一个行人被电瓶车撞了一下，后脑勺撞在地上，出了血。开电瓶车的见闯了祸，扶起电瓶车就逃掉了。我当时就在离事故不远的地方，可以制止那人逃跑，也可以上前拉伤者一把，可是我什么也没有做，我怕惹上麻烦，就自私地跑掉了。"

他的五官奇异地扭曲着，像被看不见的手捏过的橡皮泥，虽然很快又恢复到原位，但痛楚尽显无遗。

"我鄙视这样的自己，但是却又不得不自私地顾全自己。我不去打听伤者最后怎样了，只要听到有人在聊车祸，我就回避。我担心我会听到不好的结局，那样会令我更加自责和羞愧。但是，这种回避根本解决不了什么问题，上课的时候我想这一幕，晚上睡觉的时候我想这件事，自责、难受、痛苦。"他痛苦地闭上眼睛，"那是涉及我人品操守的大事情，我不敢告诉别人，我想把这个当作永远的秘密埋在我的记忆里。可是我实在挨不住了，再这样折磨下去，我怕我会疯掉。姐姐，你说我该怎么办？怎么办？"

那次谈话，我们持续很长时间。好几次，他的情绪处在崩溃边缘，我看着他发泄。我说的话不多，他哭，就给他递纸巾；他想倾诉，我就耐心倾听。

回避解决不了问题，靠我简单安慰几句更是解决不了什么问题。

所以，见面后的第二天，我背着他去打听了这起交通事故，得到的反馈是，逃跑的电瓶车司机后来又折了回来，承担了他该承担的后果；伤者动了手术，目前情况还算不错。

我暗自松了一口气。

"电瓶车司机会折回来，一种可能是他的良心发现，还有一种可能是因为有你这个目击证人。虽然你当时的选择是远离是非,但无形之中还是做了一定的贡献。"告诉他这件事的时候,我刻意增加了一句。

李翔终于回到了自己原有的轨迹。

那件事后,我想了很多。在李翔寻求宽恕的过程中,我给了他自我宽恕的理由,但是这样的理由当真合适吗?

这个问题纠缠了我很长时间,后来还是老公的一句话点醒了我。他说,与其到后来追根究底,还不如在不能决定要不要去做一件事的时候,先闭上眼,听听心怎么说。

做事不要急于作选择,给自己三秒钟的时间认真考虑,三秒钟的沉淀,可能得到的就是另外一个答案。这个世界是复杂的,见义勇为和拔刀相助并不是任何场所都适用,在能确保自己安全的前提下,帮助别人一把,那也是天经地义、无可厚非的事。

一个人慢慢走

他的成绩很一般。

换别人一般就一般了,但他不一样。他在小学有良好的口碑,属于万众瞩目的好学生代表。进初中的选拔考试,是学校的第六名。可是没多久,这个红透半边天的好学生,成绩慢悠悠地下来了。还真的是慢悠悠,语文这次少2分,下次少2.5分,再下次少3分。

这种在正常范围内的浮动,老师一开始也没放在心上。可是有一天,老师终于发现他的不对劲了,这分明就是"循序渐退"啊。

老师急坏了,赶紧找他聊天,千方百计地寻找他成绩掉下去的原因。

他很配合,老师问他理由,他就说出各种各样的理由。比如:眼睛近视了，看不清黑板上的板书，记不清笔记。老师给他换了座位，又联系家长配了眼镜。但是他的成绩并没有因为老师的积极帮助就有所提高，而是按原有的节奏又下去了一点点。

然后理由就变成了晚上有蚊子，没睡好。或是窗外的知了实在太吵了……有一次，他的理由直接升级为老师的发型太古板，上课的时候总会不自觉地被老师的发型干扰，很压抑……被各种奇葩理由秒杀的老师，这次终于没能再满血复活，当即决定放弃对他的督促与关爱。

他丝毫没觉得自己有什么损失，对老师的态度也不以为然。此后，他该看书的时候看书，该午睡的时候午睡，该做题的时候做题，该玩耍的时候玩耍，从来没考虑过，可以规划一部分时间出来拯救他的学业，让自己再次回到好学生的行列。

他的成绩倒也没有继续往下掉，维持在很一般的水平，课堂纪律也能严守。但是，他的学习态度很令老师紧张，他就像没有被破解的病毒，不知会不会影响到其他同学。

他的同桌被安排走了，他的座位固定在教室最后一排的角落。他就处在一个人的世界里，做着自己喜欢的事，心态极好。

等到分班的时候，他又像多余的棋子，老师们紧张兮兮地盯着，就怕他落到自己的棋盘里，影响他们对整盘棋局的操控。

不小心中奖的老师叹着气问他："你一定要这样吗？把时间多放些在学习上多好。原先你可是个出类拔萃的学生啊，遇到你小学的老师，他们还一直在念叨你的聪慧、你的好学呢！"

他无动于衷。"那时还小，以为学习好就是学生的全部。但是后来我发现学生并不是一定要用学习把自己的生活塞满。我这样多好，学习之余，还做着自己喜欢的事，人生就应该这样子嘛！"甚至，他还耐心地开导老师："你也不要这么紧张学生的学业，让学生过简单快乐的校园生活，那才是真正的教育。以后他们会很感谢你的。"

听到这话，老师也无可奈何，赶紧找他的家长来商量。那之后，他的妈妈奔波于学校和家庭之间，不停地做着儿子的思想工作，但收效甚微。

"有时候我都怀疑他还是不是我儿子，怎么突然就变成这样了呢？"

"是突然改变的吗？"我问。

"说不上突然。"她皱了一下眉，"就像温水煮青蛙一样，水温慢慢升高，青蛙却毫无知觉。等引起我们警觉的时候，他已经从优等生变为普通生了。"

"意思是你们也没有发现他从什么时候开始状况有所改变？"

他的妈妈沉默了很久，才慢悠悠地抬起头。"我有个亲戚，是做医生的。虽然谈不上名医，却也是一等一的好医生。治愈的病人无数，却没发现自己患上了绝症。最后的那段日子，我和孩子去看望他，他说，人这一辈子不能被眼前的事蒙蔽住眼睛，他想做最想做的自己、过自己最想过的生活，但却没机会了。"

和他妈妈谈完，我决定去见见这个孩子。

他乐呵呵地坐在我前面，看上去很快乐。看着他的表情，那些想说的话反而说不出口了。我和他随意聊着，直到离开之时我才忍不住问他："你的学习究竟是怎么掉下去的？"

他嘿嘿一笑。"为什么你不认为我是假装成绩退步呢？"

我吃惊地看着他，问："你是吗？"

"当然不是。"他乐呵呵地整理了一下背包，"没有一个学生愿意退步，我只是选择了自己喜欢的生活方式。"

我无从知晓他的话有几分真假，不过有一点是肯定的，一个人想以自己喜欢的方式生活，必备的一点是要具有这个能力。这个能力不是说一定取决于你的学习成绩或学习态度，但是很大程度上取决于此。

你的知识撑不起你的前景,你又有什么资格去选择自己喜欢的生活方式呢?

我希望每个人都具有选择自己喜欢的生活方式的能力。

微笑是天使遗落的翅膀

"我最大的幸运是——我是我妈的儿子。"

于轩对我说这句话的时候,他的妈妈也在现场,像是没想到儿子会说这句话,她的面部短暂地僵硬后,才幸福地笑了起来。

于轩的爸爸是个小中医,可能因为年龄和资质还不够,每天找他的病人不多。妈妈是一个私企的会计,收入也比较有限。他们家整体谈不上贫穷,但和小资还是有段距离。

因为妈妈是会计出身,所以家里每月的水电费、煤气费、电话费、汽油费、菜金等都规划得很详细到位。各个小项算下来,除了必须进卡安睡的部分资金,剩余的一小部分才是于轩逛超市买零食和学习用品的钱。

于轩知道这部分资金来之不易,每次上超市,总在黄色促销产品中寻找更为物美价廉的东西。能用的文具他坚决不换新的,必须要换的,就换促销力度大的。

"我不认为这样有什么不好,勤俭节约是种美德。或许在很多穿着名牌服装的同学眼里,我几十块一件的上衣有些掉价儿。但是怎么讲呢,家庭的情况不同,在钱的使用上就要更谨慎一些,如果拼命地追求与家庭环境不对等的消费,那才是最丢人的行为。"

他指了指身上的衣服,洋洋得意地看着我说:"这件衣服是晚上散步的时候,在地摊上买的,十块钱。开价三十,被我一路砍下来的。"

于轩说起了这样一件事：初三一次开家长会的时候，在会场，旁边坐着的一个妈妈突然指着自己孩子的衣服责怪："刚买的衣服，怎么又沾到了墨水，衣服虽然不是太贵，但好歹也是三百多大洋，就不能注意一下吗？"

孩子怕丢人，很懊恼地截断妈妈的话："三百多的衣服，有啥好嚷嚷的？有啥回去再说。"

那位妈妈也意识到自己刚才的声音可能大了一点，赶紧收了话头，有些没话找话地对于轩说："你这衣服啥牌子的啊？我好像都没见过，这是在哪买的呀？"

于轩尴尬地坐在那里。在同龄人面前，他可以心平气和地说我们家穷，买不起名牌。但是今天面对的是个大人，而且妈妈也在场。

就在他不知如何回答的时候，妈妈果断地把话头接了过去："这衣服是在小商品市场买的，不是什么牌子的。"

讲完这件事，于轩神气地看着我，说："当时你没在现场。天哪，我觉得我妈太强悍了，明明处在了劣势，却自始至终挂着不卑不亢的微笑。那气势，生生强了同学的妈妈一大截。"

他的妈妈听他说到这，扑哧笑出声来。"这孩子，又调皮了，哪可以这么说话的？"她抚了一下垂下来的刘海，"一个家庭的快乐与经济有关，但经济绝对不是最重要的因素。我始终相信笑容才是推动一个家庭和睦的必要因素。我们从来不把经济问题挂在嘴边上说，不会要求孩子去节约、去省钱。只要把用钱的规划放到他面前，还有什么比明确的收入和支出有说服力呢？"

于轩在一旁不住地点头。"我妈妈是会计，她用数字说话。但是除了数字，她还有一个难能可贵的特点，她会用微笑说话。我们班有很多同学家里，因为挣钱多挣钱少的问题，吵架闹矛盾。我的同桌经常对我说他和爸爸都不喜欢回家，他妈妈老是沉着脸，看着实在太难受了。我们家却没有这个问题,这应该和妈妈的笑容有关。"

从他们家出来后,我一路都在思考一个问题:微笑真的那么管用吗?当我把快乐的家庭、不快乐的家庭进行一番对比之后,果真发现,微笑是维持家庭和睦的一剂良方。

在家庭出现问题的时候,我们可以试着静下心来,想一想:微笑难吗?把生气的时间用来微笑,那该多好。

你的一个普通的微笑,在孩子眼里就是明媚的阳光。

给自己一个理由

老师决定对他进行家访,与一个月前的一起意外事故有关。他的爸爸因为那次意外事故去世了。

"一个家庭怎么可以缺少顶梁柱呢?虽然得到了一些赔偿,但是钱和人咋能一样呢?"老师忧心忡忡地对我说,"孩子刚上初二,突然遭受到这么大的变故,心理咋承受啊?别说孩子了,就是大人一下子也接受不了啊。虽然他从没有在学校表露过什么,但是我知道他是难受的,那么健壮的一个孩子,只不过一个月的时间,都瘦了两圈了。"

老师当年教过我政治。一次我发烧,体温也不是太高,脸上却起了很多小疹子,因为精神挺好的,我也没有放在心上。课间在厕所遇到她,她却抓着我,完全不理会我的仅抗,坚持要带我去医院看医生。所以,即便初中毕业了那么久,对她我一直很尊敬。每逢过节什么的,我都会给她打个电话问候一下。我这么做并不仅仅因为她对我好,而是感激她对每一个学生都有一颗慈母般的心。

在电话里听到她讲这件事,表示她要去做家访的时候,我也没太大的意外,这样的做法很符合她一贯爱生如子的风格。

"那到时我来接你,我也一起去。"我说。她欣然同意。

她预定的时间是本周六上午八点半。想着她可能还要和我拉家常，我便提前半小时到了她家，没想到她正在家里接待一个小客人。

那个孩子十三四岁的样子，穿着蓝色的校服，不知道在说什么，脸色很严肃。

因为我的到来，紧张的氛围瞬间缓和了很多。

"这是怎么啦？"我拉着老师悄悄问。

"他就是我说的那个孩子，原本今天要去他们家家访的，可是他却特地赶来说，如果是因为他的父亲的事情，准备去他家安抚的，就大可不必了。悲伤肯定有的，但是，他和妈妈已经努力在调整自己的心态，尽量积极地去接受这个事实了。我们这么过去于事无补。"

这话真不像一个初二的学生说的，我忍不住回头看了他一眼，恰逢他也望过来。目光接触的瞬间，他微微对我点了一下头。

"你好。"他说。

"你好。"我走了过去，"我们能谈一下吗？"

他点头。可能是因为他对老师心存顾虑，所以抢先说："我们出去走走。"

老师的小区绿化做得很好，坐电梯下来，经过一大片草坪，就有一角竹园，小桥流水，桥边的小亭里还摆放着桌子和椅子。这种环境不让人压抑。

"其实今天我原本准备和老师一起去你家看看的。"我说。

他点头。"老师有提起过。这段时间往我家跑的人很多，差不多都是因为爸爸出了事，然后一个个跑来关怀安慰的。有很多亲戚，是我不认识的，他们来了，就和妈妈讲爸爸人多好，爸爸小时候怎样，爸爸多聪慧，那样的话题总能逼出妈妈很多眼泪。"

他望向我，接着说："可能你觉得我是个冷血的人，因为我很反感这种做法。我知道他们的动机是善意的，但是，爸爸都没了，他们跑过来安慰又有什么意义呢？无非是一遍又一遍地剥开我们的伤口，让我们重温失去爸爸的痛楚，不能忘啊，不能忘啊。我们不能阻止爸爸离开，但是我们有权利选择自己以后的人生。我不想妈妈一直活在失去爱人的阴影里。我不是想忘记爸爸，只是不想把这份痛苦不断延续。死的人已经死了，活的人还得好好活下去。"

我点头表示赞同。他停顿了一会，很认真地说："如果一定要一个理由的话，那就是，我希望妈妈快乐！"

他没有再跟我回老师的家里，老师的茶几上摆放了一堆好吃的零食和水果，她不满地叹着气。"这孩子总该吃一点东西再走啊，怎么就这么跑了呢？"

我笑着看着她，轻声说："不要把他和其他学生区分开来，他只是你众多学生中的一个，不需要额外关照。他是一个坚强的孩子，过多的关心，他并不需要。"

不要用充满同情的目光去看身边人，同情有时也是一种伤害。

我很快乐

我小的时候，家境并不富裕，玩具属于稀罕物。那时，市容规划没有现在做得这么好，依着河道，随便栽棵树或种棵花都成。没有谁去计较这是什么品种，是不是繁多，是不是太杂乱。

那时，我家附近就有一棵大槐树，谁栽的已经无从考证了。槐树的叶子是羽状复叶，没事的时候我就和小伙伴们摘一片槐树叶子，把复叶的片数摘至相同，然后石头剪刀布，赢一次就摘掉一片复叶，谁先摘完复叶，谁就赢了。既没奖品也没创意的游戏，我们一直玩得很快乐。

后来城市慢慢规划，那种小时候常见的树木越来越少，河岸边不是柳树就是夹竹桃，那些司空见惯的植物慢慢淡出了记忆。谈不上遗憾，也谈不上不舍，反正也能淡然地接受这一切。

第一次见到季小波的时候，他正坐在公园附近一座桥的墩子上，手里不知道在撕扯着什么。因为前一天的报纸刚登出了一个青年因为失恋跳河自杀未遂的新闻，我的神经多少有些紧张，赶紧在前面的停车场找了个停车位，下车走了过去。

虽然跟很多陌生的孩子有过交流，但是这种在街上随意搭讪还真不是我擅长的。我迟疑地走过去，走到他跟前还没说话，就看到了他手里抓着槐树叶，有一搭没一搭地撕扯着。

没有过多地打招呼，我就对他讲了我小时候的故事。

可能他没遇到过谁可以这么快进入角色，有些意外地看着我。我没有继续和他说什么，递给他一张名片，让他有事的时候打我电话。

接到他的电话是几个月之后的事情了。他挣扎了老半天才说："我采了几个槐树叶，可以陪你玩几把小时候的游戏。我在桥上等你。"说完就匆忙地挂断了电话。

因为当时还有一个朋友到访，所以我并没有马上出门，等我过去的时候，已近黄昏。他依旧坐在第一次我遇到他时坐的桥墩上，衣角轻扬，莫名温馨。

我快步跑过去，停下来的时候气喘吁吁。"刚才有朋友在，以为你等不及走了呢！"

他扬了扬手里的槐树叶。"不会啊，我都答应你了。"

他找我当然不会单纯地陪我玩两局游戏。我倚在桥栏上耐心地等待着。

"上次你见到我的时候，我刚和我妈吵了一架。她不知从哪听到我在早恋，铁青着脸对着我就骂。明明子虚乌有的事，道听途说了一点点就想逼供了。我听着也烦了，顶了几句，就跑了出来。当时只有一种感觉，觉得自己的人生是灰色的。"

他晃动了一下手里的叶片。"后来听了你的故事，突然想妈妈也有童年，也是从那么小慢慢长大的。我只是一味地觉得她反感，却从没有静下心来听她讲讲她当年的故事和她的想法。回去后我心平气和地和她交流了一下，把我最真实的想法告诉了她，没想到她也没有那么顽固不化，很容易地就接受了我的思想。"

说到这，他笑了。"现在呢，基本不需要她四处打听什么，学校里发生的快乐或不快乐的事情，我都会在第一时间告诉她，让她少猜忌。没想到，我们的关系竟然越来越好了，有种——"他咧着嘴，"我想不到一个很确切的词，但有一个词真的很接近——相见恨晚。"

我笑了起来。

回家的时候，我的手里拿着一片槐树叶。老公看着这么一片大叶子，故作吃惊地说："你出去这么久，不会就是为了摘这么一片叶子做书签吧？"

我摇摆着大叶子，想起季小波离开前站在桥头大声嘶吼的那句"我很快乐"，突然有些动容，跨出两步，抱住了老公的腰，说："我很快乐！"

亲人之间相处，最忌讳的就是猜忌。不管是大人和大人之间，还是大人和孩子之间，有了猜忌的存在，再好的感情也会产生裂口。想要抹灭猜忌，最好的办法就是把真实想法说出来。

❋ 成长，让自己越来越优秀

每天的第一课

朱挺的快乐是从眼睛深处散发出来的，像清晨草叶上滚动的露珠，没有太多的念想，却光彩夺目。

那天我去书吧买一本书，不小心和朱挺碰了一个正着，我手里的书散落一地。肥皂剧中用烂的镜头，竟唐突地出现在我和一个小男生身上，我不禁失笑。

他显然被我莫名的笑容惊扰了，帮我捡起书的同时忍不住问我："你笑什么？"

我当然不能暴露我天马行空的想法，慌忙收起笑，很认真地说："我笑了吗？"这次，换朱挺大笑了。

后来去朱挺的学校找一个朋友，在实验室前遇上的时候，他一下就认出了我。"你，你，是你！"怕我想不起他，他补充道，"书吧。"然后做了一个捡书的动作。

"记得。"我笑了。这时，朋友正好迎出来，见到我们在聊天，有些意外地问："你们认识？"

我认真回答:"是。"

朱挺的眼睛,瞬间眯成了小月牙,笑容直达眼底。我有些恍惚。我印象中,在为赋新词强说愁的年纪,怀抱这样那样的秘密,藏着这样那样的感悟,即便本性再豁达,也很难纯粹至此。

我承认,他的笑容震撼了我。

"要不我先和我的小朋友聊会?"我望向朋友,打了一个申请。

朋友的办公室有一组简单的仿皮沙发,中间摆放着一张钢化小茶几,没有任何多余的摆设,倒也符合朋友从简随意的性格。

"你在读高三?"我重复刚才知晓的信息。

他笑着点头。"是不是觉得我的高三读得太随性了?在别的同学认真做题、背英语、复习功课的时候,我还有时间读闲书。"

"那是闲书吗?"我认真想了一下说,"那天你拿的好像是本诗集,是仓央嘉措的情歌集。我也比较喜欢。"

他的眼闪了一下。"爸爸说了,找对了,天下就无闲书。我们不能让别人的固有观点影响到自己的人生。"

"哦,我这么说也算情有可原,但是你爸爸为什么这么说?"毕竟孩子的学业在一般家长的眼里是最大的事,我有些好奇他爸爸何来这样的豁达。

"爸爸小时候家境不是很好,他不能随心所欲地把自己喜欢的书抱回家。后来,等到他有能力买书的时候,却没有时间认真看书了。现在啊,他常挂在嘴边的话就是:'课本中的知识是局限的,不想让自己局限的话,就要接受不一样的输入。'"他抓了抓头,"不知道这是好习惯还是坏习惯,反正我是遗传到了,有时间就会在书店转转,看看有没有自己喜欢的书。我比爸爸幸运,有喜欢的书能快快乐乐地捧回家。"

我点头。"感觉你很崇拜爸爸。"

"是的!"他笑,"我爸爸和别人的爸爸太不同了。他没有在学习上提太多要求,唯一关注的是我的课外阅读。一开始我也不太明白爸爸的做法,觉得和别人的爸爸比起来,我爸爸实在太不负责了。不过随着时间的积累,我却发现了阅读带给我的优势。那些书本上的知识,我不知道的,很多同学都可以解答;而一些比较冷门的知识点,同学们都不知道,我可能就知道。而且最重要的是书能让人变得豁达。"

他的双手围拢凑成一个圆状。"以前这么大的心眼,书看多了就会变成这么大了。书中的快乐是无法用语言表述的。"他边说边拉开两手的距离。

朋友过来的时候,我一个人坐在沙发上傻笑。

"书虫能让书虫快乐,是这个故事吗?"他笑着问。

我惊讶地看着他。

"哪有这么多的故事啊?"他笑,"那只是他父亲的良苦用心。以前他不太爱学习,他父亲就抛出了一个关于阅读的美味馅饼。等到他当真迷上这股馅饼味的时候,他父亲要求就来了——考试达到多少分,就能买一本书。所以,他现在功课、阅读两不误。"

我傻愣了一会,才放声笑了起来。

他的父亲是位成功的教育家,简单的一节课影响深远。其实,每个家长都可以是成功的教育家,重点是看家长如何引导。青春期的孩子虽然已经明白了有些事情的重要性,比如学习,比如一些好的习惯,但是毕竟还是孩子,不能要求他全然自律。在这个过程中,家长的导向很重要,持之以恒地引导,比批评、比讲道理更有成效。

老师的右手

周旋讯找我,是让我给他的老师转送一份礼物。

因为是男生的缘故，所以礼物没有外包装处理，简易地放在一个小纸袋里，低头就能看到袋子里是个打火机。

"那个，为什么不是自己送给他呢？"我有些疑惑地问他。我和他的老师原本就不熟，而且这种小礼物不是自己送更显得有诚意吗？

他摇头。"有次老师对我说过一句气话，他说以后情愿多抽几口烟，也不要再把时间放到我身上了。但是，他还是没有扔下我，一直很耐心地疏导我。我就这样把打火机送过去，搞不好他会以为我在向他挑衅，让他多抽烟，不要管我呢。我表达能力又不行，这样误会了可不好。"

"那你为什么一定要送打火机呢？"我不解。

"也是因为他说的那句话，我想告诉他我已经懂事了，他可以放心抽几口烟了。当然不是真的让他多抽烟，吸烟有害健康，我只是想表达这层意思罢了。"他忐忑不安地扫了我一眼，"我有过一段不羁的日子，那时不是流行非主流吗？我把头发染成蓝色，把牛仔裤剪破；给女生的椅子上涂胶水，在粉笔盒里放蚯蚓；上课要么讲话，要么睡觉，考试交白卷，明目张胆地和老师对着干。做这种事的时候，同学们的目光就都在我身上，当时就觉得自己很嗨、很牛、很霸气。爸妈太忙，没太多时间管我。从老师那听到些风声，他们要么骂我一顿，要么打我一顿，也没有更大的动作。这对我而言太小儿科了。那段日子老挨揍，却挺自得其乐的，感觉自己就像大英雄。现在想想，那时真的太不懂事了。"

他叹了一口气。"那时孙老师刚接手我们班，他对我的恶劣事迹略有耳闻，还不知道我顽固不化到哪种地步。他总想把我改造成全新学生。今天找我苦口婆心地谈话，明天找我将心比心地交流。可我哪能听得进去啊。那天下午上自习课的时候，我逃课跑了。孙老师急坏了，又是给我家里打电话，又是四处找我。因为我去的网吧离学校比较远,又比较偏僻,他找到我的时候,已是晚上九点。找到我的时候,他实在太生气了,伸出右手狠狠地扇了我一个巴掌。网吧里有很多人,也不知是谁把这过程拍了下来传到了网上。我随老师离开的时候还好好的,第二天到学校的时候,那段视频已经在网上沸腾了。各种评论、各种谩骂,生生把孙老师推到了舆论的顶峰。"

他的头很自然地低了下去。"我从来不知道我的任性妄为会给老师带来那么大的麻烦。从小学到现在初二,孙老师是对我最有耐心的人,对于我这种恶迹斑斑的人,他从没说过放弃。没想到在他即将退休前,却因为我摊上这么大的麻烦。"

"后来呢?"我不禁为这位老师担忧。

"后来,校长和教育局的一些领导找我谈话询问了原因,我把事情的前因后果都如实地讲了。我也说了孙老师的各种好,那巴掌是我咎由自取,我不怪他,我感激他。但不知道出于什么原因,孙老师还是退居到二线,不再任班主任了,去图书馆当了一个管理员。"他抬起头,眼蒙上了一层泪花,"我第一次知道,自己的过错也有可能让身边的人承担后果。"他终究没忍住,趴在桌上呜呜地哭了起来。

我没有安慰他,我知道经过这件事他就会长大了。

没有人生来就懂事,一个人在他的成长过程中总要或多或少地付出一些代价,那是促使他们长大的砝码。有时付出的代价的确很沉重,的确难以承受,但是也必须学着为他的成长埋单。

男人的约定

他的改变是因为父亲之外的另一个男人。

他对自己的父亲没有太深的印象。他的父亲是建筑预算员,除了年头和年尾的几日,差不多一直在外面。他唯一一次一反常态地年中回家，是为了和母亲办理离婚手续。有和父亲在一起工作的人传话回来说，父亲在外面和一个女的好上了。

其实什么原因并不重要，重要的是父亲和母亲离婚了。

虽然他和父亲没有太多的交流，谈不上感情深厚，但毕竟是血浓于水的关系，那样的结局他不能接受。适逢青少年的转型期，他开始叛逆。

母亲让他吃饭，他去跑步；母亲让他做作业，他去打游戏；母亲让他争气，考个好的成绩给他那个不争气的父亲看看，他逃课……母亲无奈哭泣，他会说就你这副嘴脸，难怪爸爸会抛弃你。

明明是爱着母亲，很渴望家庭温暖的孩子，可是却偏偏摆出一副不爱家，又时不时用言语和行为伤害母亲的样子。

他逃课，吸烟，打架……成了个让人头疼的孩子。

那阵，正好有个男人在热烈地追求他的母亲，送花送礼物，有事没事找这样那样的理由去他们家串门。他敏感地感到家庭即将重组的压力。他讨厌这样的压力，极力地去破坏。

如果男人送了花束，他毫不犹豫地扔进垃圾桶。因为男人不定期地会出现在家里，他便不再外出。恰逢男人和妈妈聊得火热，他便找个难题向他求教……

这种幼稚的行为，三岁小孩都能看出他的企图，更别说是这么大的一个大老爷们了。一次，在他又拿着难题去煞风景的时候，男人这次没有讲数学题，而是认真地切入主题："你是不是不喜欢我？"

"是的，目前我还没有从你身上发现喜欢的东西。"他一点迂回的余地也没有。

"但是，即便我身上没有你能喜欢的东西，你又凭什么不喜欢我？"男人鄙夷地看着他，"这么大的人了，把自己的人生打点得一团糟。学习一塌糊涂，生活一塌糊涂，连做人的底线也模糊得一塌糊涂。

你妈妈凭什么看你的眼色生活？你凭什么给你妈妈脸色看？衣来伸手、饭来张口的人，有什么资本趾高气扬？你不喜欢的我，可以拍着胸保证，我可以让你妈过上轻松幸福的生活。你呢？就凭你现在这副表现，以后能给你妈好日子过？"

"我怎么不能给我妈好日子过了？"他额头青筋直冒。

"我们今天坐在这里也不可能约定以后几十年的事情，这样好了，我们就看你这两年的学习态度吧。我不会提让你考年级第一这种苛刻的要求，但至少你要能让我看到你可以拿出承担责任的态度出来。遵守纪律、考个高中，这样的要求不为过吧？"

"如果我做到了，我不喜欢的你是不是就可以离开我的母亲？"他试着讨价还价。

"当然。"

那天之后，他开始改变。一开始，他拿起书就焦躁不安，很想溜出去继续过自由自在的生活，但只要想到那个男人那副鄙夷的表情，就又坐了下来。好在初中的功课不是太难，虽说一开始有这样那样的问题，但慢慢问题就少了，最后他考了一个不错的高中。

故事讲到这儿就完了，这是一个年轻的老师在一节励志的公开课上讲的。听到最后我总觉得故事遗漏了什么，直到再遇到那位老师，我才醒悟。

我追上他，问："那个故事中和男孩约定的大男人呢？最后他真的离开男孩的母亲了？"

"是的。不过被男孩找回来了，这么多年过去了，他和男孩相处得好好的，家里充满了幸福的味道。"

他停顿一下，随后对我说："我就是故事中的男孩。"

我愣在原地，过了很久才笑了起来。

身处青春期，有时我们明知道自己做的事情是错的，却还是在做，这就是叛逆。很多孩子都有叛逆期，只是叛逆的时间、叛逆的力度不一样。我们无须为我们的叛逆找任何理由，那只是成长过程中的一小段。我们需要做的是正视它、抑制它，最后摆脱它。

加油，我能行

见面之前，马安东在电话里就一再对我重复："我口才不好，性格内向，不太会说话。所以，见面的时候，请您多多包涵。"

一口气能说这么多字的孩子怎么会是一个不太会说话的人呢？我笑了。但事实是我真的高估了他的说话能力，和我打了一声招呼后，很长的一段时间里，他真的几乎没有开过口说话。

马安东不是我们本地的孩子。父母是安徽人，从事废品生意，门店规模还不小。父母把收购点转移到我们这个地方已经有些年头了，转过来的时候，他妈妈挺着一个大肚子，肚子里装的就是马安东。

马安东是父母的第二个孩子，从小就接受我们这里方言的熏陶，因此讲得很流利。但是个性使然，不到万不得已，他还是不会选择用我们这的方言说话。倒是一次学校有个传承的活动，其中有一个项目就是用地方方言讲个故事。等到表演的那天，他陪练的那个同学身体不适，只好他替换上场，虽然神情有些拘谨，但也算圆满地完成了任务。

老师对他刮目相看，连声说没想到这个学生可以把我们这里的方言说得这么好。

马安东很少在学校讲自己的事情，和同学交流得不多，性格虽温温吞吞，成绩却出类拔萃。那时已接近中考，老师估摸来估摸去，觉得他能上重点高中的概率很高。所以，老师就随便挑了一个礼拜天给他的父母打了一个电话，要去他家做家访。老师的想法很简单，就是想以行动感化一下他，让他做最后的冲刺。

那时马安东的爸爸妈妈刚生养了第三个小孩，又是工作又是孩子，忙得不可开交，实在顾及不了更多的东西。接到老师的电话后，马安东吓坏了，赶紧从称重的大秤旁奔回自己的小屋。他看着凌乱的室内环境，实在无从下手，最后只是拖了一下地，又把桌子和椅子擦拭了一遍。老师来的时候，他的妈妈正在给小女儿换尿布，不知怎么的突然就想到了马安东的学业，说了一句："作业做完了没？"

那已是关心的极限了。

马安东"嗯"了一声，有关学习的对白就此结束。

老师虽然有一定的心理准备，但是对他们家的环境还是始料不及。在他妈妈把换下来的尿布往外扔的时候，老师尴尬地往外退了一步。"那个，我是不是来得仓促了？"

他一直以为，马安东的学习突出，肯定也和那群总在学习辅导机构补课的同学一样，有足够的外力推进。他完全没想到，马安东的学习环境是这样的。

站在老师身旁的爸爸一改做生意的精明，有些不知所措地干笑。"我们家有些凌乱，老师，凑合坐一下吧。"

那次老师家访具体说了些什么，马安东并不清楚，因为爸爸进来了，他理所当然地要出去，替换到了爸爸的工作岗位上。老师出来的时候，他和另一个人正合力把一个大铁板抱到大秤上。铁板太沉，他的小脸憋得通红。

老师想去帮忙，爸爸却把他拦了下来。"怎么可以让老师干这种活呢？他可以的，可以的。"

马安东的体内聚满了能量，果然如他爸爸说的，他做到了。但是老师的心却有些酸涩。"这么小的年龄，肩负这么多任务，在没人督促的情况下，却依然学习这么好，这实在太难能可贵了。"

我把老师的这段话复述给马安东听的时候，他总算开口对我说话了。"环境所致吧。没有人不想过舒服简单的生活，但是并不是每个人都有这样的权利。我也有难以承受的时候，那个时候我就对自己说，加油，我能行！几次之后，就适应了。"

他挂着谦和的笑，低调却自信。

别人优秀总有优秀的理由，自己不够优秀也有不够优秀的缘由。不需要比较，做最努力的自己，那也是一种成功。

如果不能飞

安南的父母都是大学老师。父亲是北方人，人高马大，特帅气。为了爱情，他果断落户到这所小城。其中经历的感人肺腑的细节就不说了，反正这段爱情当年广为流传，一度感动过无数姑娘。

结婚生子后，这段被重复无数次的爱情故事就逐渐被人淡忘了，不过身为主角的两个人还是很高兴的，生养了一个大胖小子，眼睛特大、特有神。按民间传言，父母的出生地相隔千里，两个优质细胞组合，生出的孩子一定聪明伶俐。

胖小子安南的确很聪明伶俐，11个月学会了走路，刚过一岁差不多就学会了各种拗口的称呼，什么叔叔阿姨、大伯婶婶的，教过一次，绝对不会忘。再见面的时候，小嘴就像抹了蜜，不用谁提醒，贴着嘴皮子叫，别提多会讨人欢心了。

可是就是这样一个孩子，上了小学后优势完全没体现出来。在其他小朋友能轻轻松松拿优的时候，他冷不丁冒出一个良，就能把老师和他的父母吓得不轻。老师找他的父母谈话，千万铺垫后就表达了一个意思：培养孩子是一个家庭最大的事业，你们两个不能只顾着自己的事业，而把孩子耽误了。

两口子寻思是不是孩子发育晚啊，还没有到脑洞大开的时候啊，有心维护孩子吧，可看着老师殷切的目光又不得不点头称是，毕竟打心底里他们也是希望孩子一路领先的。他们也和孩子聊天，期望这样的谈话能激活孩子的潜能，哪天睡醒了，突然醒悟，成绩直线往上。毕竟两个人虽算不上学富五车，但也算得上高级知识分子了，这么优质的组合，下一代能差到哪里去呢？

可是直到小学五年级，孩子伶俐依旧，成绩却仍原地踏步，一直在班上最后几名里打转。两个人这时真的急了，难道自己的教育方法不对路？他们给孩子找补课机构，听说大课没小课有效率，又重新找了家教，一对一辅导。孩子在他们兴师动众地一通培育之下，成绩总算有所提高。但因为课余时间安排得太紧，孩子的厌学情绪相当明显。

我见到他的时候，他正在读初中二年级，一米七五左右的个子，比普通的孩子要高，不过耷拉着脑袋，显得无精打采的。

"为什么一定要把功课学好呢？我就不懂了，如果每个人都学好了，这学习还有积极性，还有意义吗？"他烦躁地抓了一把头发，"我对爸爸妈妈都说了几次了。我读到初中毕业就可以了，然后拜师学修汽车。当然，如果可以，去个学修车的职校也可以。我对车子比较感兴趣，可是他们就是坚决反对。我就不明白了，工作一定是要坐在办公室里的吗？难道他们不觉得把一辆不能走的车送上路是很伟大、很值得高兴的事情吗？"

我不能回答他的这个问题，只是轻笑。"或许爸妈觉得你是个好苗子，觉得你应该接受更好的文化熏陶。"

"或许是的吧。"他叹气，"其实他们很明白我的现状，就是一下子还不愿意面对现实。他们始终觉得我是一个聪明的孩子，我之所以学习不好，只是因为还没懂事，还没明白学习的重要性。聪明和学习真的是两回事。我想，他们也需要一点点时间来改变他们的观点。"

要改变观点的，岂止只是安南的父母呢？

那天晚上，我一直在思考一个问题：如果不能飞，为什么不去练跑，而是非要让翅膀遭罪呢？

没有原谅

他很强势，坐下的时候看了一下手表，霸气十足地说："我只有20分钟时间。"

这样的场景，我和那些商业巨头或大律师聊天都没遇到过。

我看了一下他的资料，班长兼数学课代表，还真有一点霸气的资本。我轻笑着说："你是班长啊！"

他不屑地看了我一眼。"这似乎没什么值得夸耀的。你直接说主题好了，我只有20分钟时间。"他再次重复。

他的态度传递给我一个很不好的信息——他不喜欢我。这种状态下的对话有些吃紧，但是受人之托，我不好临阵脱逃。我的食指和中指敲击了一下桌子，决定开门见山，直接挑明我找他的原因。

"前两天，你妈妈给我打了电话，她和你之间可能有些什么误会，希望我能找你谈一谈。"

"哦？"他看了我一眼，"你没有问是什么误会吗？"

我笑了，突然有些明白，为什么他的父母不敢和他深入交流了。

他父亲是木匠，每年年头随打工大潮出去打工，年尾才回来。收入虽然还可以，但始终摆脱不了农民工的称呼。他觉得不能再让儿子背负这样的称呼，所以勒紧裤腰带，省吃俭用，总算在小城买了一套中等面积的房子。但毕竟能力有限，地段不是太理想，市郊区相对市区的学校而言，教学实力略微薄弱了一点。

但是他父亲还是很高兴，给孩子更换一个城市户籍，于他而言，已是很大的成功了。几乎逢人他都会说，他儿子马上去市里读书了，或是他在市里买了房子了。

儿子一开始还是很能理解他的这种心情的，因为他也差不多一样，觉得自己的人生有了转折。搬新家、换了学校后，他似乎一下找到了人生的目标，开始奋力读书。别人用十分钟背英语，他就用半个小时，并不是他背不出来，而是他要校正发音不是很准的单词。

他的压力是巨大的，他的进步也是有目共睹的。初中入学的时候，他的排名是班上的倒数几名，但是初中毕业的时候，他的名次是班级前几名。

这也是矛盾所在，他的分数在重点高中的增招档，但如果去重点高中的话，要交几万块钱。他眼巴巴地看着父母，想从他们的目光中看到认同，但是他的父母不约而同地把头扭向了旁边。

他的志愿书上，重点增招的那栏被空着。

他只能上一所二流的高中，虽然已经达成了他初入初中时的梦想，但与现在的期望产生了很大的距离。他憎恨他的父母。

他的母亲在给我讲这段事情的时候，声音哽咽。"买房子我们是借了一部分债的，现在债还没有全部还清。高中又要补课又要买资料，花费又高，虽然我们买房子到市里来了，但我们其实还是农民，脱离了土地，我在这陪读，就靠他爸爸一个人在外挣钱，日常开销，人情礼金，读书费用，这些都是不小的数目，我们实在是有心无力，实在拿不出这几万块钱。但是孩子不理解啊，他觉得我们不重视他的学业，不重视他的将来。天下哪有不重视孩子的父母呢？"她的声音越来越哽咽，最终说不出话来。

我看着眼前的这个男孩，轻声问他："我想听听你的想法。"

他冷冷地看着我。"我的想法是出生在一个没有经济基础的家庭很可怜，出生在一个没有知识素养的家庭很可悲，他们连算笔账的能力都没有，几万块钱的投入，换我以后一个不一样的人生，这样的意识他们都没有，还一再觉得自己委屈，我都不知道谁更委屈。我不知道他们找你来的目的是什么，请你明确地转告他们，我对他们没有原谅，只有寒心。"

他从座位上站起来，疾步走了出去。

"不管在哪个学校，属于你的都是相同的三年时间。"我在背后喊。

他的脚步停滞了一下，但只是仅有的一下，接着他就走了出去。

在可以的情况下，每一个家长都希望孩子得到更好的教育。如果他们没有为你选择更好的学校，那只有一个理由——他们的实力不够。这不是他们的错，他们已经尽他们最大的力量在给予了。付出是爱，无休止地索取又是什么呢？作为孩子，没有立场，无休止地索取，是人性中的贪婪与自私，这是不可取的。我们需要学会感恩。

口袋里的硬币

我没有想到会遇到我初中时的语文老师。因为年代间隔比较远的缘故，她隔了好一会儿才叫出我的名字。

"瞧我这记性，真的是越来越不行了。"她习惯性地用食指推了推眼镜，"你看我都满脸皱纹了，再过两年估计能直接用皱纹夹死苍蝇了。你还记得当年学校的食堂吗？里面的苍蝇是不是很多？不过，你们毕业后，食堂就整改了，有机会你得去看看，现在差不多是零苍蝇了。不过当年给你们炒菜的崔师傅退休了，现在菜的味道差多了。哎，时间过得真快，还有两年我就要退休了，退休了真不知道怎么打发时间呢……"

她絮絮叨叨地说着，都是很琐碎的小事，连校园里的一棵古老的银杏树也被她当学校的文物一而再再而三地提到了。难得老师有这么好的兴致，我不敢怠慢，赶紧拉着她去楼上的咖啡厅坐下。

她继续着她琐碎的话题。说着说着，她突然把话题中止，很认真地看着我。

"我们班有个孩子，总能让我联想到你。"她说。

"和当年的我很像吗？"我笑着问。

"也谈不上像不像，感觉上你们是同一类人。那是个男孩子，平时话不多，看着对谁都很礼貌，但是又好像没有真正把谁放到心上，做的只是表面上的那套。"

我有种想流汗的感觉，老师这不是在暗指我敷衍她吧？我心可昭日月，一片坦荡荡啊！

我想解释，不过老师并没有注意到我的情绪波动，我也就把想说的话吞了回去。

"按说他这样的人应该不会和同学发生矛盾的，可是有一次他却在课间和一个同学大打出手。我把他们找到办公室，想了解当时究竟发生了什么事，他死活不开口。被他打的同学哇哇叫，说这小子是疯子，他想去小卖部买个什么文具用品，差了一块钱，想着那小子的文具盒里一直有个硬币，就给拿出来用掉了。等到那小子从厕所回来，他跟他说挪用了一下他的钱，明天带来还给他。就那么小的一件事，他却异常生气，非得亮拳头。"

老师的两只手叠加到一起。"私自拿别人的钱肯定不对，但人家在事后主动找他说明了情况，并表示会偿还的时候，他还这么计较，我就不能理解了。我就噼里啪啦地把他训了一顿，让他回教室写份检讨，晚上放学前在全班面前读一下。但是他竟然一个字也没有写，我很生气，把他留了下来，要他写完才能回家。在我强硬的态度下，他总算写了一行字，大体意思就是：对不起，我错了，我不应该把硬币放在文具盒里。好在被打同学的父母也是比较明理的，知道自己的孩子有错在先，也没计较这事。这事就这样不了了之了。"

我认真地梳理了一下这个孩子的情况，完全没发现这个孩子和当年的我有什么相似的地方。老师似乎看出了我的疑惑，拍了一下我的手背。"没多久，进行了一次考试，那孩子的成绩很不理想。我寻思是不是之前我的批评太过严厉，给了他负面的影响。这可是个很严重的问题，我便给他的母亲打了一个电话，把之前发生的那件事和这次考试的事情都说了一下。他的妈妈听完便告诉我她知道她的孩子为什么这次没考好了。她说她的孩子比较不自信，哪怕平常学得再好，临到考试就会害怕，心态相当不好。一次，她和儿子去超市，在取推车的时候，不小心掉了一枚硬币，那硬币滚了一段，歪歪斜斜地靠在墙上，没有倒下来。她把这枚硬币捡起来递给儿子，说能立起来的硬币都是幸运的硬币，把它放在文具盒里，以后有它在，考试就不会怯场了。可能有了精神寄托，那之后，孩子考试的心态真的好了很多。"

我目瞪口呆。当年我也怕考试，然后我们班的学霸给了我一块橡皮，说那是一块有魔力的橡皮，可以帮助我战无不胜。那块橡皮当真陪我到了初中毕业。毕业典礼的时候，我还把这事整理到我的毕业发言中。

老师说："我突然懂那孩子为什么那么生气了。"

我静静地听着。外力促成的自信总是脆弱的。很多时候，我们需要的不是幸运，而且由内而外的自信。我庆幸，我长大了。

天使在歌唱

他有严重的口吃，所以很害怕说话。

见到他的时候，他站在我面前，"阿"了老半天，才把"阿姨"

说完整，脸像烧红的云，后来就一直没有说话。

我也没刻意引导他说话，适逢附近的一家教育培训机构放学，一群孩子打打闹闹地从里面冲出来，友善地推搡着，笑声连连。接孩子的父母有的迎上去，有的站在车边，气氛热烈而快乐。

"你很少参与到小伙伴中间去吧。"我望着窗外，对着玻璃慢条斯理地哈了一口气。

玻璃中，他稀薄的身影慢慢地点了一下头。我猜想他心中应该是有羡慕的，只是影子里看不见罢了。

他的口吃并不是天生的。

他爸爸单位有个同事口吃，一次吃饭遇上了，他觉得很好玩，回家就学个不停。爸爸喝止他后，也就没再注意。谁知道去了幼儿园后，他把这个新学会的技能赶紧表演给小伙伴看。在小伙伴哈哈大笑的过程中，他得到了属于他那个年龄的最大满足。那之后，他就一直学一直学，等到老师和家长发现的时候，他已经不能一口气完整地表述一句话了。

为了惩罚他调皮引发的不良后果，他爸爸狠狠地打了他一顿。这一打反而打出了恐惧。此后，一说话他就手心冒汗，一冒汗，他就口吃。原本并没有多大问题的他，一下就被这个被放大的洞吞噬了。他成了真正的口吃患者。

"没有经历过口吃，是不知道口吃的可怕的。"他的父亲对我说，"你不知道，当年他是一个多调皮、多喜欢热闹的孩子。可是现在他最怕的就是与人接触，最怕的就是讲话。课堂上踊跃发言和他是永远沾不上边的，他就怕老师看他，让他回答问题。有一次，其他班的老师到他们班上对外的公开课，因为不知道他的情况，就请他回答问题。他站起来憋红了脸，硬是没能回答一个字。老师以为他不懂，便在那一点点地提醒，他站在那就是不吱声。后来，还是班长举手站了起来，说他不是不懂那题，而是因为口吃，不太容易表述。"

因为班长的"不太容易表述"这句话，课堂哄然大笑。那节课后来的评论反而不太重要了，重要的是他在学校走红了。有时，课间上个厕所，也有调皮的孩子堵在前面，对他说："你叫声哥哥就让你过去。"

他一个人不知道偷偷哭过多少次，如果时间能回转，他能再回到童年，他肯定不会再为了小伙伴的哄笑，让自己后悔一辈子。但是又有谁能回去呢？

我给他讲了一个小故事。

我是一个五音不全的人，人家唱歌顶多是跑调，我是完全找不到调。所以，和朋友们一起去 KTV 唱歌的时候，我总是坐在角落里默默啃鸡腿的那个。有一次，一个朋友过生日，她唯一的生日愿望就是听我唱一首歌。这个小小的生日愿望吓出我一身冷汗。我拿着话筒，整个人都僵硬了，硬着头皮把这首歌当最艰巨的任务给完成了。放下话筒的时候，我就去看小伙伴们的反应，结果发现他们各得其乐，并没有因为我的走调改变什么。那之后，去 KTV，偶尔我也会唱上一曲，唱的时候，也依然会跑调，但是已然没有了当初的那种拘谨和慌张。

我认真地望向他。"自己害怕暴露的弱点，别人并不一定会注重，我们只要做最好的自己就可以了。"

两个月后，我接到了一个陌生的电话，电话一通，那端就开始唱歌。我听到最后，还是没能想起来唱歌的是谁。直到他结结巴巴地对我说，他要从唱歌开始练就自己的自信时，我才恍然大悟，是他！

我很庆幸，那个孩子终于敢于正视自己需要面对的问题了。只要坚持，迟早他就能找回那个遗失的自己。

这个世界上没有谁是完美的，所以无须对自身的缺点耿耿于怀。自信是弥补自身缺点的良药。

空白试卷

在机场遇到陈画的时候，我一下叫出了他的名字。他和我打趣，这么多年没见，当年那个见啥忘啥的姑娘记忆力怎么突然这么惊人了。

遗忘是常态，但是那人是陈画，又如何能忘记呢？

陈画是休学后到我们班的，插班过来的时候是初二，个很小，瘦巴巴的，眼睛却很大，总给人一种不和谐的感觉。他的座位在我的前面。他常背着很大的帆布书包，性格上并不是很招人喜欢，但是成绩出奇好，每次考试，整个年级排名，他不是第一就是第二。

我的同桌不喜欢他，每次考试分数出来，她总会斜着眼嘀咕，有啥好拽的，还不是休学一年的缘故。

说是这么说，遇到难解的题，她还是会请教他。心情好的时候，他会在她的纸上画两笔，添条辅助线什么的；心情不好的时候，他直接无视她的存在，理都不理。

我的同桌对他总是恨得牙痒痒，但是，也无计可施。

那时，我的成绩并不冒尖，也无心把不会做的题都整明白，所以倒也安然自若。在闲书上看到极冷的笑话，绝不怕打扰他们学习，会拉着前座，碰下同桌，再呼叫下后座，神清气爽地和他们分享欢乐。我笑点平庸低级，同桌是极其不屑的，不过到了陈画那里，却还算配合。有时讲着讲着，别人的脸都转过去了，独留他一人保持着原有的姿势听着。虽然他模样甚是趾高气扬，但因为是我唯一的听众，所以我愿意包容他。

一是因为插班，二是因为性格，他几乎没有朋友，在旁人眼里，我和他已经算感情不错的老朋友了。不过即便这样，我们的交流并不多，我会天南地北地胡侃，他一般都只是静静地听着。只是有一次，他万分感慨地对我说,有时候会羡慕那种什么都不用考虑的同龄人。

当时我还处在很白痴的年龄段,并没有对他这句话产生多大的感慨。我依然读着生冷的笑话,一个人自得其乐。他常常对我说,一个人能一直这么没心没肺下去也是很幸福的事情。

初三的时候,老师决定重新排座位,把那些上重点高中概率很高的苗子放到一起,互相督促,共同进步。他换走了,我霸占着百年不变的老窝,和新搬过来的同学继续讲冷笑话,依然快乐无限。

好像初三快要接近尾声的时候,同桌突然神秘兮兮地对我说:"你知道陈画的家庭情况不?听说家境并不好,他哥哥急功近利,竟然想到了入室盗窃,结果被抓了。据说休学是子虚乌有的事,因为受到他哥事件的波及,他是被迫转学的。"

当时我在吃冰棍,听闻这个,当即停止了吃冰棍的动作。"没休学还能考这么好啊?太天才了吧!"

同桌无语地看着我。"重点好像不是这个吧!不过这样的家境,就是考上了好的高中又如何呢?"

同桌的话果然一语中的,考完最后一门走出考场的时候,我就听到一群人在嘀嘀咕咕地说着什么,走近才听到,陈画在最后一门的考试中交了白卷。

我后知后觉地想起同桌的话,瞬间被一种悲哀的情绪吞噬。我突然觉得自己挥霍的时光分明就是一把刀,每时每刻都在凌迟着别人无从把握的希望。

找到陈画的时候,他倚在一棵树下,微闭着眼睛,表情轻快得像被轻风拂过的芦苇花。我没有打扰他,不是不想,而是不敢。我怕我在叫出他名字的时候,他睁开的眼睛里会渗出无能为力的忧伤。

机场相遇的时候,我和他都没有再提当年的事。他看起来还不错,但是我不知道这种不错是不是如当日被轻风拂过的芦苇花一般的笑容一样，仅仅只是一个不敢睁眼的假象。

很多人因为自身的处境必须放弃最利于自己的选择，又有很多人明明只要通过一点点努力就可以轻易得到太多的机会，而他却不愿意努力。

这是最为奢侈、最让人痛心的浪费。

我不知道以后再回首看这些溜走的机会时，会有什么感触。但是我觉得，充实自己，认真地活一生，才不枉自己来人世走一回。

认真了就不会有遗憾了。

闪亮的大拇指

晓军见到我的时候，笑得很欢。他竖着大拇指一本正经地对我说："我读过你发表在杂志上的小说，写得很棒，我和同学们都很喜欢。"

恭维的话听过很多，表扬文字的，表扬气质的，还有表扬菜肴的，但被一个高一的学生竖着大拇指表扬，还真是开天辟地头一遭。我看着他，笑。

晓军是个很会聊天的男生。我刚说到咖啡，他就说到蓝山和卡布奇诺的不同。他说蓝山咖啡是由产自牙买加蓝山的咖啡豆研磨后冲泡而成的，是咖啡中的贵族，保持六十摄氏度，三口喝完味道最佳；说卡布奇诺则是意大利人阿奇加夏发明的，是一种加入同量的意大利特浓咖啡和蒸汽泡沫牛奶相混合而成的，因为漂亮，很受女士喜欢。我刚提到易中天，他就和我讲三国，说曹操小时候多调皮，说周瑜长得多帅气。

我发现一个很好玩的事情，讲到高兴的时候，他就会竖起大拇指。蓝山是这样，卡布奇诺是这样，曹操是这样，周瑜也是这样……

我忍不住说："你的大拇指用得很顺溜呢！"

他呵呵笑了起来。

"其实,那习惯是一个老师教我的。那时,我还没有现在乐观自信,更客观的说法是,我是一个很内向、懦弱、腼腆的人。那次我们班要代表学校准备一个话剧表演,也不知道怎么的老师挑中我了。这对别人可能是很好的表现机会,但到了我这里差不多和天塌下来一样。我考虑的第一件事是:我能背出台词不?考虑的第二件事是:我的普通话标准不?考虑的第三件事是:我能不演吗?反正那几天我就一直在纠结于这件事情。中途我也向几个主要人物请求让他们换人,但是他们一口咬定,老师定下的人选,不能随便更换,除非有很好的理由自己去老师那申请。"

他不好意思地挠了挠头。"说出来不怕你笑话,那时我连找老师换名额的勇气都没有,也只好赶鸭子上架。幸好也就十来句台词。怕发错音,我把台词的发音都查了一下;怕忘词,我整日整夜地背那几句台词。就十几句话,我整整背了三天。等到台词多的同学也准备得差不多的时候,我们开始排练。结果,还没上场,我的腿就开始打战。不仅仅是腿,还有嘴唇,还有手。我自己把自己吓蒙了。明明准备得好好的台词,到上场的时候,被我整得支离破碎。"他叹了一口气,"有几个和我一起排练的同学当时就嚷嚷开了,说这样咋表演,按这个进度还不知要排到猴年马月呢?还说老师怎么会让这样的同学参与,这不是在浪费大家的时间吗?反正吧,难听的话很多。如果地上有缝的话,我肯定钻进去了。"

情况确实让人尴尬。他接着说:"这个时候,我们老师经过,见我们这里这么闹腾,便进来看了一下。听到同学们这么说的时候,老师便建议把刚才那部分重新再表演给他看一下,看看是不是真的如同学们说的那么不堪。我当时弃演的心都有了,在同学们重新布置场景的时候,我置身事外,一个人孤单地站在舞台边。这时,老师走过来对我说，除非是天才，一般的人都没有天生就拿手的事。不要在乎别人怎么说，多给自己一次机会。"

有了老师的鼓励，我想情况会好很多。他继续回忆："后来排练的时候，我的表情还是很僵硬，腿还是打战，台词背得还是很生硬，但老师还是毫不吝啬地给了我一个大拇指。那时，我的感触是很大的，听了一大堆质疑的声音，突然有个人给了你肯定。强烈的对比，给心灵的滋养是完全不一样的。后来，我就开始去表扬别人，我发现当我给别人一个大拇指去愉悦别人的同时，最快乐的其实还是自己。"

他笑得很甜，像有阳光倾泻在他的脸上。那一刻，我不敢惊扰他快乐的笑容。

每个人都有不足的地方，大人是，孩子亦是。去苛责一个孩子的不足，还不如鼓励他发挥优势。苛责是逆行之舟，鼓励是顺水之帆，顺水跑才能更快嘛！

❋ 爱好，悄悄影响着我们的人生

抽屉也有思想

见他之前，我就对他有所耳闻。他是一名很成功的老师，家长们总是挤破头皮地想把自己的孩子送到他所在的班级。但幸运的总是其中极少数的一部分人，更多的还是会被分到其他班级。家长聚到一起的时候，总会有人在那羡慕地说："能分到××老师的班上，你的孩子真的是太幸运了。"

他在家长的心目中位置就是这么高，在学生的心目中更是完美无瑕。

"他讲题思路很清晰，通俗易懂。"

"他有耐心，很谦虚。"

"他把我们当自己的孩子一样。"

……

但是，就是这样一个在家长和孩子心目中如此优秀的老师，对自己的孩子却完全没辙。他苦笑一下，开口说话："我也说不清怎么了，我能教育好这么多孩子，这么多孩子喜欢我，可到了我自己的孩子这里，我引以为傲的优势都没了。"

其实他的孩子还算懂事，也谈不上叛逆。可能因为他太忙，忽视了和孩子的交流，所以孩子和他并不亲热。有的时候，孩子给他的感觉比他的学生还疏远。

他问一句，儿子答一句。他不问，儿子就不说。

"我和他两个人在一起的时候，就像两个陌生人。他做他的事，我做我的事。一次，他妈妈不在家，我也懒得做饭，就带孩子去楼下涮火锅，我点了酸菜鱼，结果老半天就只见他吃点心，并不吃菜，便问怎么了，他说酸菜鱼太辣，他一直不吃的。"他苦笑了一下，"你看我连孩子不吃什么都不知道，而他呢，见我点了他不吃的也客气地不去纠正，这样的父子关系是很少见的吧。"

"你们的接触这么少，那矛盾又是从何而来的？"我问。

"有段时间，他很喜欢诗集。很大一部分身处青春期的孩子，在特定的时间段会迷恋上诗集，我也就没放在心上。可是慢慢的我发现了一个奇怪的现象，他晚上完成作业的时间越来越晚了。你也知道我是高三的班主任，每天上完晚自习，等学生休息后才会回家。这个时候已经很晚了。之前，我到家的时候，他都已经睡了，可是那一阵，我回来他都在做作业。我问他是不是有什么不会解的难题，他说不是，就是作业量多了一点。偶尔一两次出现这种情况我也可以理解，但是那之后几乎每天都这样，我就接受不了了。你想啊，高三学生这个点都休息了，初中生却还在做作业，这身体受不受得了不说，逻辑上也说不过去呀！"

他明显有些心烦意乱，从口袋掏出打火机，想抽烟，可能是觉得公共场合不太好，就又塞了回去，"我给他班主任打了一个电话，就作业问题提了一点意见，老师说作业量和前期应该差不多啊，按说应该很早就可以完成的。然后他就提醒我，是不是孩子有其他的一些原因?"他看着我,"你也知道的,家长在对待孩子的教育问题上都是死脑筋。被老师这么一说,我也觉得好像真是那么回事了。趁着他去学校的当口,我和他妈妈在他的房间翻查了一番,在抽屉找到了一本日记本。大多数是日记吧,其中还穿插着零星创作的诗歌。他在日记中说,准备和几个同学一起学写歌词,要做方文山一样的作词家。这不是浪费时间胡闹吗?当时我就火了,等到他回家,我就把他骂了一顿。"

他按了一下额头。"他当时就跳了,说我们怎么可以不经他的同意就翻看他的日记。我说他偷梁换柱,明明不是日记的问题,而是歌词的问题。那次之后,我们的关系就紧张了。后来再想去翻看他日记的时候,就发现他的抽屉上锁了。我当然也没暴力到去砸锁的地步,但是真的还是很担心。"

"担心的是他的爱好,而不是父子关系吗?"我轻声问。

他迟疑地看着我。"我想他迟早会明白我的用意吧,但是爱好问题丝毫马虎不得。"

我没有说话,静静地听着。抽屉上的锁生锈了可以用锤子砸开,但若心上了锁呢?

大人对待孩子的发展方向,总是万分小心的。他们时常担心孩子不走正路,担心孩子走上弯路。其实大人也是从孩子长成的,也经历过这么一个阶段,他们也没有忘记当年他们是如何讨厌父母对自己的干涉的。但是当他们为人之父母的时候,他们怎么又会做当初非常讨厌的事情呢?

我不知道孩子们有没有考虑过这么一个问题,其中的答案不言而喻。

我们不一定要接受父母这种霸道的爱,但是,我们一定要理解这样的爱。即便抽屉锁上了,也不要把心门锁起来。

如果笔筒知道

见面的时候，他送给我一个小印章，放在一个简单的小木盒里，带着竹的清香。

"想给你带个礼物，可是不知道你喜欢什么，就连夜雕刻了这个，希望你喜欢。"他小声地介绍。

还真没有人送过我这个，我爱不释手，一下找不到印油，便把化妆盒拿了出来，沾了点胭脂在餐巾纸上盖了一个章。印迹不是太明朗，不过也算有点雏形，我不免童心大发，一连又按了几个。

对于我孩子气十足的做法，他一副意料当中的表情，安静地坐在一旁，挂着浅浅的笑。

"你的字怎么会写得这么漂亮？"我问。

他不好意思地笑。"也没有太漂亮，还在努力学习中。"

"练习书法应该比较枯燥吧，你怎么会想到学这个的？"我问。

他的脸红了起来。"是挺枯燥的，所以以前也没太关注这个，也没想过有一天我会迷上书法。说起和书法的缘分，其实也蛮有趣的。有一次，学校组织去某处风景区玩，风景区大门口有个临摹的石碑，我看着也就是个大石块，心想没啥好看的，无非就刻了几个字罢了。可是班上的一群女生却喜欢得不得了，一阵顶礼膜拜后，还不断合影。小男生嘛，你懂的，最在乎的就是女生怎么看了。看到女生喜欢这个，我回来之后，就开始看书法之类的书籍了。当时纯粹就是为了博女生一笑，后来接触得多了，又上了一段时间的专业课，看着这一撇一捺，感觉还真出来了，于是对其他的都不是那么感兴趣了，只要有时间，就会对着字琢磨，怎么运笔、怎样布局才好看。"

"很多爱好，都是在不经意间发现并培养起来的。"

"不过当时,这个兴趣并不被人看好。班上有个很漂亮的女生,当着我的面说是癞蛤蟆就不要做天鹅梦,听到这话的时候我差点哭了。我人长得一般,成绩中上,谈不上冒尖,口才不行,又不会唱歌,好不容易有了一点点小小的奢望,可是——当时就想与其一直被人笑话,不如就这样放弃吧。"他捏了捏鼻子,"我不是一个坚强的人,容易遇难而退。不过很快就被爸妈发现了我的想法。他们对我说,如果一个人的爱好能轻易随别人的看法而改变,那么就不是真正的喜欢。我是执拗的人,虽然一开始我对书法的兴趣并不单纯,但是经过几年的熏陶,最初的目的已经不重要了。喜欢是真的,要否认全部,我觉得是一种亵渎。听了父母的话后,我又开始认真练字了。"

他从包包里掏出几份报纸,指着上面的字,很淘气地对我眨了一下眼睛。"虽然目前只是发表在校报上,但我还是很开心。我想如果坚持下去,以后应该可以发表在大一点儿的报纸上。"他吐了一口气,"不过呢,爸妈现在又不支持我学这个了。他们觉得考个'211'大学远比不切实际的梦想来得重要。"

"哦,你自己怎么看呢?"

"能怎么看?"他笑,"做任何事情不能全凭一腔热血,人生每个阶段都应该有每个阶段的规划。我们不能因为兴趣而打乱规划。我觉得爸妈说的其实也是对的,靠单纯卖字的收入来生活的人,只是喜欢书法的人中极少的一部分。很多人年轻时自信满满,觉得自己以后肯定能如何,他们中又有几人能坚持到最后?要想一辈子不放弃自己的兴趣,唯一可行的方法是有一个不错的主业,然后把兴趣作为自己的副业。"

"你的父母是很睿智的人。"

"是的,如果一开始在我放弃的时候,他们没有点醒我,那么这极有可能会成为我一辈子的遗憾。当我沉迷的时候,如果他们不分析各种利害给我听，到最后很可能我也只是一个满怀抱负，却又碌碌无为，每日为一日三餐奔波的人。现在呢，我把我的笔放在了笔筒里，不能写的时候看看也高兴。人高兴了，学习的劲头也足了。"他咧开嘴，露出洁白的牙齿，"我顿时感觉人生很充实。"

把爱好搁置于笔筒，养精蓄锐、整装待发，也是一种智慧。

原谅我的不辞而别

顾然对漫画的痴迷达到了惊人的地步。

就这么说吧，只要经过报刊亭，他的脚就会不由自主地走过去。口袋里有钱固然最好，可以抱两本漫画书回家；没钱的话，翻几页看看也好。

偶尔和同学去网吧，其他同学是打游戏，他却是看动漫。

顾然的爸爸是一个广告公司的老总，公司规模虽谈不上大，但他也算小有成就的男人，家里的小书房也有二十多平方米。顾然就把这二十多平方米设置成了漫画基地，墙上贴的是他画的漫画，书橱里摆的是他买的漫画书，桌上放的是正在设计的漫画稿。

顾然的爸爸不是观念陈旧的人，他觉得儿子活得快乐就好，不管能不能考取大学，或者考取什么样的大学，在他眼里都不是很重要的事情。"一个人一辈子就那么几十年，如果不需要为生活奔波，能按自己最初的想法好好地活，那才是真正的人生。"他那么说其实是有原因的。年轻的时候，他也有自己的梦想，也想在画画上有所突破，纯粹地为了创作而去创作。但是因为没有足够的资金作后盾，自己的想法最终变成肤浅的笑料。

他不得不为了自己的生活考虑，与最初的理想越来越远，成了一个地地道道的生意人。他不想儿子因为这些原因再走上他的老路。顾然对漫画的执着,他是认同的,一度还引以为豪。毕竟年轻人有所寄托是正常的,而且喜欢漫画总比喜欢其他不好的东西要好,虽然花费了一点点时间,但好歹也有些艺术气息。有朋友或客户过来的时候,他还会带着他们去小书房转一圈,告诉他们这是儿子的小书房,这是儿子收集的漫画书,这是儿子画的画。然后在一片恭维声中,他得到极大的满足。

他的默许无疑助长了顾然对漫画的热爱。他肆无忌惮地沉溺在漫画的海洋中,醒着是漫画,睡着是漫画,半醒半梦的时候还是漫画。

终于有一天,老师的一个电话打来,一下把他惊醒。老师说:"我们一直提倡学生有选择地看书,一个原因是为了应付考试,希望学生能从好的书中扩大一些见地,积累一些好词好句。另一个原因是好书充满正能量,起正面引导作用。我这个电话不是说顾然喜欢看漫画不好,但是他对漫画已经达到了饥不择食的地步,现在漫画的质量良莠不齐,选择不当或许就会造成不良影响。"老师打这个电话,是因为顾然在学校打人了,之后他非但没认错,而且还摆出一副迎风而立的大侠站姿,一份为天下苍生我不入地狱谁入地狱的劲头。老师对他的这种表现很意外,就找班上的同学了解情况,和他交好的几个同学反映,他的漫画越来越偏向暴力与血腥。

他早早下班,认真地去了儿子书房。这时,他才发现,不知从何时开始,顾然的那些很纯洁的校园画风开始改变,画纸上到处都是蝙蝠、蜈蚣、刺青、鲜血、傀儡……

他没有动顾然的东西,而是静静地坐在客厅等顾然回来。他不想去指责,但眼睛里却流露出心痛。

他想到当年他放下画笔时的无奈,面对儿子,又如看到了当年的自己……想到这,他不能自已。

他给儿子留下一封书信,走出了家门。等他再回来的时候,他在客厅看到了几个大的整理箱。那些被儿子视若生命的东西，静静地躺在箱子里。因为整理箱的盖子是透明的，所以即便站得比较远，他还是能看到里面的漫画人物有的在哭，有的在笑，那一个个生动的表情一下扭曲了他的脸。

儿子一定很难过吧！

他慢慢地走到小书房，那里满地纸屑。顾然似乎并没有被这么多纸屑惊扰，一个人静静地站在空出的地方。

抉择伴着痛苦，但是该斩断的时候，那些痛又算得了什么呢？

终于要和他喜欢的漫画不辞而别了，顾然嘴角露出笑容，把最后一张漫画扔到了地上。

做回自己，比做虚无的梦更重要！客厅的钟声正好敲响晚上十二点。崭新的一天又开始了。

没有谁可以任性地拿自己的人生开玩笑。

如果你喜欢的东西副作用强大，那么就得舍去。就像肿瘤，切除的时候是很痛苦，但是不切除就没有健康的人生。

口袋里的秘密

安妮宝贝的作品能在他家书橱占一席之地，是因为他的姐姐。

那时他姐姐刚失恋，原本就是沉默寡言的人，那阵更是情绪化得厉害，上一刻还在笑，下一刻可能就哭了起来。

姐姐是爸爸和前妻的孩子，一段婚姻没走到最后，受罪的就是孩子。爸爸总觉得对姐姐有所亏欠。作为弥补，他总是很纵容姐姐的一些坏习惯。她挑食，他任由她挑；她爱美，他就把她打扮得很美；她今天想学钢琴，明天想学舞蹈，他就随她折腾。但是，他这样的纵容并没有拉近父女俩的关系，很多次有客人在场，姐姐稍有不满，当即就甩脸色给爸爸看。

爸爸很痛苦，却无能为力。

好在虽然他和姐姐相差十岁，但关系还不错。她会对他笑，也会在她写作业的时候，给他一支笔和一本本子让他胡乱画画。她常说："小星，你一定要快快乐乐地长大。"

那时他还不太明白姐姐的意思，但上了初中后，突然就悟出来了：姐姐不快乐。但这样的不快乐他无法改变。

爸爸在他的身上总算看到了让姐姐快乐的希望，便私下对他说，姐姐很可怜，长大了要照顾姐姐。

但是，两个人毕竟相差了十岁，他还没来得及长大，姐姐就恋爱了。

姐姐的初恋发生在高中二年级。她莫名其妙地喜欢上了一个爱惹是生非、打架斗殴的大男生。也不知道谁追求的谁，他只记得当她满心喜悦地把男生的照片拿出来给他看的时候，他还是一个不懂事的低年级小学生，他把照片翻来覆去地看，却始终不明白，这张照片有何魅力，可以让姐姐看着看着就笑出声来。但是他知道，姐姐当真很喜欢照片上的那个男生，比喜欢自己还要多。

他不介意姐姐喜欢别人，只要姐姐高兴，有什么不可以呢？

那是家里最快乐的一段时光，姐姐不会给妈妈脸色看，不会和爸爸顶嘴，还常常拿着这样那样的零食回来给他吃。但是这样美好的时光不长，没多久姐姐的初恋如开始时一样，莫名其妙地结束了。

姐姐开始买安妮宝贝写的书，看着看着，她就会哭，哭着哭着又会笑。

她买了口红，学会了抽烟。一直对她万分容忍的爸爸把她从酒吧拖出来的时候，第一次狠狠打了她。

姐姐办了休学，转了校，而后上了大学，却一直不快乐。那时，他已经上了初中，学校有个魔术社团，广告语打得很漂亮：魔术可以让你喜欢的人快乐起来。他被那句话吸引，义无反顾地加入了魔术社团。他的目标很简单，就是让姐姐快乐起来。

和我讲这段往事的时候，我和他坐在一家小有名气的咖啡厅。彼时，他已是学校魔术团队的主心骨，他的节目常常作为压轴，在各大大型活动中演出。

讲到这里的时候，他突然从座位上站了起来，手轻轻一扬，手里就多了一支玫瑰。他递给我的时候，神情变得很落寞。

他学魔术学得很卖力，几乎所有的课外时间他都放到了魔术上。爸爸说一起出去吃饭吧，他说不用，他在家吃泡面就可以了，等下还要练习一下新学的魔术。妈妈说给他买件衣服，他说衣服够了，还是用那钱买魔术道具吧。

爸爸因为他突然改变学习的重心很生气，爸爸不懂为什么他会突然热衷这种毫无意义的游戏。他不能把自己的想法告诉爸爸，不想因为这个想法勾起爸爸无休止的自责和内疚。他顶着所有的压力，编织着一个最大的梦想，只是为了姐姐。

大四暑假，姐姐回来的时候，他带着不能言表的喜悦，兴冲冲地跳到姐姐面前，展露了一手他偷偷练习过上百上千次的小魔术——空手变玫瑰。他以为姐姐会笑，没想到当着他的面，姐姐把玫瑰踩到了脚下。

"你不是取悦别人的小丑，你要有你自己的价值！"姐姐说。

他的心支离破碎。

他说，姐姐说对了一句话，他不是取悦别人的小丑。可他是小丑，只是不能取悦别人罢了。

他还在学魔术。他说，至少在万籁寂静的夜，他偶尔可以对着镜子取悦一下自己。

他的手插在大大的口袋里,我不知道口袋里还藏了多少道具,但是我却知道,口袋里最不缺的是孤独。

这个世界只有一件东西是不求回报的,那就是爱。

你以你的方式爱一个人,那个人不一定会认同你的爱。比如父母于你,比如你于另外的某个人。即便你现在不理解,但迟早有一天你会明白,原来那就是爱。

遥远的星辰

他是个静不下心来的人。小的时候,妈妈就常常跟在满世界乱窜的他后面喊:"不要再皮了,赶紧回来。妈妈追不上你了。"

妈妈喊归喊,他皮归皮。

这样的经历多了,妈妈也就不费那个精力去管他了,每天他满头大汗、一身泥巴地回来的时候,妈妈顶多大着嗓门说:"皮孩子,又去哪里疯了?你去照照镜子,看看还能认识这个皮孩子不?"

这个皮孩子就这样慢慢长大了。大了还是像小时候一样,静不下心,坐不安稳,上课的时候,屁股不停地在椅子上扭啊扭。老师骂也骂了,教育也教育了,可他就是死性不改。老师把这种情况反映给他的父母,他妈妈急了,孩子不会是有多动症吧?她赶紧把他带到儿童医院,医生的诊断模棱两可,治疗收效甚微。

为了尽可能地纠正他的坏习惯,妈妈辞了一份还算不错的工作。他在家的时间,妈妈一直陪在他身边,陪他看书,陪他做作业。他屁股一动,妈妈就咳嗽一声;他掰着手指走神,妈妈就拍他一下;他烦躁得张牙舞爪的时候,妈妈就提醒他要坚持……

但是这样下去,他会憋死的。他可怜兮兮地看着妈妈,怕妈妈不信,他的手掐着自己的脖子,作翻白眼状。

妈妈终究还是被吓着了，在他极度烦躁不安的时候就带他跑步、打球，借助运动分散一下他的精力。

在运动的过程中，他们遇到了一个退休老师，老师听说他的性格后，很认真地对他说："或许你应该多接触接触课外书。"

那时他已经读六年级，对老师的说法嗤之以鼻。但是妈妈却把这作为最后的救命稻草。

妈妈买一本书，利诱他看，比如，看20页书，打球多打10分钟；找出5个好词、两个好句再加10分钟。他很想要获得这10分钟的奖励，但是静下心看20页书实在太难了，他很想放弃。可是当他合上书，看到妈妈泪眼婆娑时，他突然喘不过气，有深深的负罪感。

他六年级了，六年级的同学都可以给爸妈带来不少荣耀了，可是他呢，除了无尽的羞辱和麻烦，其他的又有什么呢？

他坚持了第一个20页，又有了第二个20页，虽然不能完全使自己安定下来，但至少可以在这么短暂的时间里，保持着安静。他觉得那是他对妈妈最好的回报。虽然是微不足道的，但却是他唯一力所能及的付出。

他把这个当回报，坚持到了初二。

初二，他接触到了一本名叫《小王子》的书。他被小王子开篇的漫画逗得大乐，一页页地翻看了下去，爱不释手。他不知不觉看了第一个20页，又看了第二个20页，等到他发现的时候，他已经看完了一整本书。

他竟然能看完一整本书！妈妈惊讶地看着他。可是他却像是没有发现自己的不同，仍有些心不在焉。

那天，他静静地躺在床上，双手枕在头下，开始想这个浩瀚无边的宇宙。自己存在的这个星球叫地球，给地球光明的叫太阳，浪漫的月光属于月球，小王子出生的星球叫小行星B612，这个宇宙，到底有多少充满故事的星球？

　　一个人的改变，需要的只是一个契机。他的契机，就是这本名叫《小王子》的书。

　　他开始对天文产生强烈的兴趣，之前的焦躁多动瞬间消失了，不需要妈妈的陪伴，他就可以看一大堆天文方面的书，有时候还看看《飞碟探索》。他觉得，把视野停滞在地球是多么愚蠢的错误。年末，他用自己收到的压岁钱买了一台入门天文望远镜，很多个夜，他就蜷缩在自家的阳台上，一坐就是几个小时。

　　就在这坐的过程中，他发现了自己知识的贫乏，便开始发奋学习，疯狂地汲取知识。

　　"如果不想思维被局限，就必须靠知识积累和充实。"那时，他已然是一位智者。

　　没有谁注定是弱者，很多时候只是还没来得及强大而已。

陌生人的明信片

　　"有的时候，一个陌生人所起的作用远大于身边人。"孙乔和我讲这句话的时候，表情很认真，像是认真地在讨论一个学术问题。

　　几乎每个礼拜，孙乔都会收到明信片。不是 e-mail 上虚拟的那种带音乐的很漂亮的图片，而是从邮局历经千山万水，辗转一个又一个地方，然后风尘仆仆地落到他手中的真实的硬纸片。

　　初听到孙乔有这个爱好的时候，我意外之极，那不是我们年轻时候的游戏吗？读高中的时候，网络还没有普及，想接触网络必须去街上的网吧。家庭自备电脑的太少，网吧经常挤满人，常常要等半天才能等到一台机子。

　　所以，我不喜欢那个地方，更喜欢在杂志页脚处找一两个交友信息，写写信。那时的交友信息很简单，比如：16 岁的女孩在山清水秀的地方，期待你的来信；后面附一个通讯地址。没有现在个人说明上的各种奇怪的字符，倒也能吸引一群有活力的人拿起手中的笔，书写青春。

那是一个单纯的年龄。

不需要酝酿情绪，心情不好的时候，就满纸的忧伤；心情愉快的时候，就满纸的愉悦；自己也不知道什么心情的时候，就满纸的废话。其实，内容并不重要，重要的是发泄与交流，反正也很快乐。这个类同于网友的称呼叫笔友，也算是一个时代的产物。不过在网络发展起来之后，笔友这种称呼就销声匿迹了。

出来工作后，有几个志同道合，爱舞文弄墨的网友，在一起闲聊，说要不我们再把这种感觉找回来？我们互相写了几封信，但却找不到当年那种可以畅所欲言、无话不谈的感觉。每写下一个字会想这个字用得对不，还会想字体真丑。后来便不了了之了。

所以，当我听说孙乔有一群写明信片的朋友时，我是很羡慕的。

"你是什么时候有交笔友、写明信片的想法的？"

他想了一下。"应该是初二的暑假吧。我喜欢旅游，那个暑假我去了好几个地方。每到一个地方就给要好的几个同学发一张明信片，没想到他们收到后很高兴。那时，我就想，如果我能收集到各个地方发来的明信片该多好啊。那之后就开始留意这件事了。"

他憨憨地笑，接着说："现在像你说的那种征友的信息有些杂志仍然有，不过不再是通讯地址，而是 QQ 号码。要想把这个梦想从网络拉到现实，不是轻而易举就能实现的事情。"

所以，他想了一个办法，在好多知名网站同时发起了一项复古明信片运动，让大家放下键盘，利用逛超市的时间，给他发一张明信片，他希望收集来自世界各地的明信片。他同时也表示收到后他同样会回赠明信片。

不知道是现在的人警觉性太高,还是觉得这个游戏没有创意,或是实在太忙,他只收到过三个人的明信片,他也同样履行了自己的诺言。而后,他们延续了这种明信片交流的方式,吃了一尾好吃的松鼠鱼,暗恋上了班里的某位女生,犯了一个小错误……这些都成了他们交流的内容。

"现在我已经放弃收集全世界每个地方的明信片的想法了。在茫茫人海中能找到几个和自己一样,有着不同想法,并愿意去尝试的朋友,已经是很大的快乐了。"

有了想法去尝试,尝试之后要不要坚持,这是两回事,我们不能把人生简单地规划到我想做什么,我做到了吗;更不能把做到了设置为成功的标准。那不是衡量成功的法则。很多时候,没做到并不代表失败,相反,那可能是另一种形式的成功,快乐而简单。

放纵的疯狂

在解放路热闹的地段,每逢周末,华灯初上、霓虹闪烁的时间段,就会有一个十五六岁的男孩,推着音响拿着麦克风疯狂地唱歌。唱到高潮,全情投入的时候,他会双膝着地,声嘶力竭地吼叫。

我第一次见到的时候,心也微颤了一下,身边的老人家心疼地说:"作孽哟,比我孙子还小的年龄呢,应该是坐在教室无忧无虑地学习,咋就流落街头了呢?"

男孩长得比较周正,衣服也干净利落,怎么看都不像流落街头的流浪汉。但是即便这样,还是很多人愿意掏口袋,给他几个硬币。碰上同情心泛滥的老人家,还会拉扯着他的衣服对他说:"别唱了,别唱了,有啥困难给大伙说说,指不定就解决了。"

这个时候，他就会深鞠一躬，然后淡然离开。他的行踪就像一个谜，我从没想过有一天我能找到谜底。

那时已经步入冬季，逛街的人并不多，不是急于去超市采购什么东西的，就是吃完饭往家里赶的。

他却还是固守在熟悉的街道上，一台破音响，一个孤寂的身影，和被风吹得支离破碎的歌声。我路过的时候，围观的人并不多。声线拔高的时候，我依稀能看到他单薄的身子有细微的颤抖。

我还是被他吸引，忍不住再次驻足。

他唱的是陈升的《把悲伤留给自己》，不知道是他太悲伤还是歌曲本身悲伤，街头有短暂的安谧。除了他的歌声，没有人说话，没有人走动，连抱在手里的孩童也乖巧地靠在妈妈的肩头吮吸着手指。

突然，一个尖锐的刹车声传来，随即副驾驶的门被推开，一个40岁左右的女人冲了出来，疾步奔到他的面前，双手落在他的麦克风上，看不清她脸上的表情。"回去吧。"

歌声戛然而止。

"我们说好的。"他冷冷地回应。

"今天有点冷不是吗？而且，而且……"女人焦急地寻找着理由，"马上快考试了，老师来电话了，让你好好复习。"

围观的人群终于出现了窸窸窣窣的议论声。

"原来是个学生啊！"

"车还不错呢，都这生活水平了，还靠孩子挣钱，也太不要脸了。"

"哎，枉费我一直同情和喜欢这个孩子呢！"

……

议论声越来越大，终于把这个女人的话淹没在其中。

孩子愤怒地看着女人，推着音响一声不响地离开。女人忙不迭地追了上去，身后是一群不明真相却还在喋喋不休的人。

"你们就别胡说了。"人群中终于有人听不下去了，"你们觉得他们家的家境需要靠孩子唱歌赚几个打赏钱吗？大家给的钱他都转手送给前面超市门口的乞丐了。他的爸爸有两三个连锁超市，也算有几个钱的了。原本挺幸福的家庭，也不知道上辈子遭了什么孽了，文文静静、话语不多的儿子，不知怎么就迷上唱歌了，而且是痴迷。他还不满足自娱自乐地歌唱，非常渴望听众。有一天，在街头看到卖唱的，就灵感大爆发，那一阵几乎天天出来唱歌，嗓子都唱肿了，发不出声音了。他妈劝也劝了，骂也骂了，可他就不听，最后不得不跪在地上，把他求回去的。后来家里咋做思想工作的不知道，反正那之后，就是周末才出来了。今天他妈妈突然出现，回家后不知道咋闹腾呢！"

"你咋知道的啊？"有人追问。

"我们一个小区的谁不知道啊？"他叹气，"看上去那么文静的一个孩子，怎么就会这么疯狂呢？"他摇了一下头。

我陷入沉思。

每个孩子成长的过程中，有些行为虽表象不同，但是本质是一致的，那就是急于展示，急于被认同。表面上看他需要的是听众，可实质可能是渴望被认同、被欣赏，他需要的只是能懂他的人。

我想把我的想法转述给孩子的母亲，我给她打了电话，谈到她儿子的时候，她直接挂断了我的电话。再拨过去的时候，电话一直提示处在通话中。

我知道我被放在了黑名单。

我只是一个局外人，黑名单就黑名单了。但是，如果有一天不小心把孩子对你敞开的心设置成了黑名单，到那时拿什么去倾听心声呢？

读懂孩子，先要把耳朵给他。

书签的故事

他家的面积不大，没有另设书房，只有一角小得可怜的藏书阁。每次找书的时候，要把书一沓沓地抱出来，找到想要的，再把其他的一本本放进去。但是，他并不觉得这个步骤很麻烦。

"我们不能要求太多的东西，不能因为有了书，就想有书橱，有了书橱又想有书房。那样人生就太累了。"

他是反过来生活的人。

比如，有了书，他不会想书橱，却会想要书签。一张书签和一个书橱是完全不同的两个概念，一个会把人逼疯，一个却让人轻松就获得快乐。

他是一个积极乐观的人，所以，当他告诉我，他有一个很爱书签的儿子时，我一点也不惊讶。

"那他和你一样，也是个反过来思考的人了。"一次和他一起喝茶，正好说到他儿子的事，我说道。

他呵呵笑了起来。"我的书签是为了轻松快乐，他的书签和我的书签可完全是两码事，谈不上反过来思考。"

一句话就挑起了我对他儿子的书签的兴趣。

还得回到这个故事开端的那段文字。

他家的面积不大，没有另设书房，只有一角小得可怜的藏书阁。每次找书的时候，要把书一沓沓地抱出来。有次找书的时候，从一本书里掉下了一张书签。他随手把书签捡起来，放到了桌子上。

儿子回来的时候，他随口说找书的时候，一张书签掉下来了，不知道是哪本书里的。

儿子没说话，走过去看了一眼书签，就找出一本书，把书签放了进去。现在很多的书都是自带书签的，对一下书名，放进去也是很简单的事情，所以他也没在意。

后来，他一个朋友给孩子找一本微信上推荐的书，找了几个书店都没有找到，遇到他的时候，随口提起这事，没想到站在一旁的儿子说，他有这本书。

他的朋友很高兴，就带着孩子去他家取书。儿子把书一本本抱出来，找到那本书后，并没有急于给他们，而是认真地在书里翻了一下，小心翼翼地找出了两张书签。

"书签放在里面也挺好的，为什么要拿出来啊？他们看的时候，也要做记号的。"他随口说。

儿子显得并不热情。"书可以借，书签概不外借的。"

一句话把他们几个人搞得莫名其妙的。

晚上，他和老婆说起这事，老婆听后也感觉很奇怪。"难道，书签有什么秘密？比如是某个女生送给他的。"两个人立马觉得事态很严重，商量了一下，决定要把这件事查个水落石出。

第二天，把儿子送去补课后，他们就把儿子的书找了出来，他们把书中的书签放在一起辨认，果然发现了端倪。这些书签竟然是人工制作而成的，原本应该是一幅画在铅画纸上的画，然后被裁剪开了，制成了书签。

老婆当即就紧张了，一口咬定，儿子早恋了。他们从没见过儿子画过画，这东西肯定是哪个女同学画了后送给他的。两个人越想事态越严重，最后达成共识，绝不能放任他自由发展。

儿子补课回来后，两个人一个唱红脸，一个唱白脸，在那旁敲侧击，儿子则一副莫名其妙的表情。两口子只好把书签的事放到了桌面上。

儿子一听扑哧笑了起来。"哪有你们想的那么复杂啊，那是很积极正能量的书签好不好？我想出来的，班上的一个同学提供的画稿，我们裁剪下来。不论大考小考，包括体育测试和音乐比赛，反正各种竞赛技能的都算，每次排名前三的人都可以获得一张书签，月末的时候，大家放在一起比试，最多的可以要求最少的表演一个节目，第二多的可以要求第二少的表演一个节目……那可是同学和老师都喜欢的保留节目哦。"

他笑了笑，端起茶杯轻轻抿了一口。"经过那件事啊，我觉得我们做大人的对孩子的信任还是欠缺了一点点。"

爱却不能信任，那也是一种悲哀吧！

所以，不要轻易质疑孩子，更不要把疑问隐藏，想问就问出来，不要让疑问在心里生了根。

饭后茶香

我是一个比较随性的人，开着电脑，听着音乐，喝着白开水，就觉得这是神仙般的生活了。

但是这只是我的生活态度，我不能说我的生活态度是对的，可以要求别人和我一样。想象一下，所有的人都有一样的习惯，相同的时间吃饭，相同的时间睡觉，相同的时间喝茶……那么，这还是幸福的生活吗？

所以啊，我允许别人比我过得高雅，过得含蓄，过得有内涵。

原本我是想把这段调侃的文字发给一个形象设计师的，因为我刚在朋友圈上晒了一张我和电脑、白开水的合影，她立马发了一个她和咖啡厅以及蓝山的合影。

发过去之后，我就发现我发错了。想撤回，但对方实在太不熟了，这样撤回有些不礼貌。好在也不是啥隐秘的话，也就放弃了最初的想法。

这一出错，也忘了和那个形象设计师的调侃了，安心地在电脑上敲起文字，也不知过了多久，才被微信消息提示音惊扰。

"我能给你泡一杯普洱吗？"

这条信息的上面，是我的一堆废话。果然发错信息容易惹事。我赶紧作五好宝宝状。"妈妈说了，不要喝陌生人泡的茶。"

那边扑哧笑了起来，实在受不了我的装嫩卖萌了，赶紧语音了过来。"姐姐，你又把我忘了。你第一次喝了我的茶把我忘了，我原谅你了。没想到第二次喝了我的茶，又把我忘了……"他佯装生气。微信里是一个男生的声音。

"你是小东？"我想了起来。

小东是一个鲜花坊老板娘的独生子，节假日做得最多的副业就是帮助妈妈包花。我很喜欢他们家的黄百合，每个礼拜都会去买一束，去的次数多了，他和我混熟了，每次要不给我多包一枝百合，要不就额外再赠送一朵玫瑰。

他包的花很漂亮，不过他却不喜欢这个。很多时候，他会逃到隔壁的小茶馆，跟在泡茶师的后面，不停地叫："漂亮姐姐，漂亮姐姐。"他这么做当然不是因为姐姐漂亮，而是因为他喜欢泡茶。

漂亮姐姐耐不住他一次又一次地死缠烂打，再加上一小束一小束漂亮鲜花的攻势，便不好意思再独霸独门技艺，偷偷地教了他一手，又教了他一手。

我认识他的时候，他已经是插花加泡茶的双重达人了，我笑着对他说你可以再试试品香，燃一支香，插一盆花，品一杯茶，这样的生活几乎诗情画意到没有遗憾了。

他专注地想了好一会儿，才认真地告诉我："可是我还是只喜欢泡茶。"

为了显示他的泡茶手艺，他让我在花厅坐下，像模像样地泡了一杯龙井。我对茶水几乎没什么研究，品了两口，笼统地表扬了几句。他终是不满意的，说容器不对，影响了香味。

不过，好在对茶的热情还在，再遇上的时候，他硬是拉我去隔壁的茶馆坐下，跑进去折腾了一杯茶出来。不知是容器对了，还是茶叶本身就好，反正端上来的时候香味四溢，品下去后口齿留香。他对自己这次的成绩还是满意的，手合在一起晃动了很长一段时间。

后来我才听说，为了练就一身泡茶的本领，他经常带花店的老顾客去隔壁的小茶馆喝茶，他动手泡茶，当然也是他去结账。

他妈妈苦着一张脸对我说，不知道别人家孩子的理想是什么，但是他的儿子唯一的理想是泡一杯好茶，以后开个茶楼，真不知道说他这是天生有艺术修养，还是天生不求进取呢？

如果一个人有一个爱好，这个爱好并不好高骛远，而且又能撑起以后的事业，那么，这算不算一个很大的幸运呢？

如果那个爱好是积极的，大人就学着支持吧！

那年 16 岁

某报社组织了一次小范围的校园征文比赛，题目是：《那年16岁》。我认真看了几期，有同学写暗恋了某个女生，有同学写偷抽了爸爸的烟，有同学写穿了妈妈的高跟鞋……各种故事汇聚成五颜六色的青春，主题差不多就一个：驿动的心。

我还记得，当时在办公室脱口而出这四个字的时候，同事们都笑成一团。可能他们以为我说这句话是带贬义色彩的，事实恰恰相反，我说这话，是褒义的、积极的。

没有驿动，何来青春？那是一种美丽的蜕变。

不过对于同事们的反应，我是比较失望的。可能带有一种心无灵犀的遗憾吧，那时正好又被单位外派出差，所以也就放弃了对这个栏目的关注。

回来之后，偶尔也会听同事讲这个栏目中的小故事，他们甚至也就其中某种稚气未脱的想法作一定的辩论，我任由他们闹腾着，懒得参与其中。不过，有一次他们辩论了太久时间还不能分出胜负，一个女同事直接把报纸塞进我的手里，愤愤地说："你看看这样的孩子，他们竟然还说是积极的。"一下就把我从旁观的位置拉扯了进去。

我原本准备随意看一下，然后敷衍几句过去的，可是当我读到这篇征文的时候，我完全愣住了。

写这篇征文的是个男孩子，他说他其他的科目成绩都还不错，唯独生物一直一团糟。而原因不是因为生物难学，只是因为不太喜欢生物老师。那个时候，他就这么意气用事。结果到了期末考试的时候，为了拿不错的排名向爸妈交差，他就准备了一份摘抄得密密麻麻的小纸片。结果还没打开就被老师发现，当即被请出了教室。

因为作弊，他被取消了这门考试的成绩，最终的排名可想而知。他觉得愤慨，自己只是准备作弊，但并不表示一定会作弊。凭什么就取消自己的成绩？他又疑心有人给老师报信，否则老师怎么会轻轻松松在他的笔袋里找到小纸条呢？既然都这么喜欢报信，那么他也报报信好了。

那之后，他养成了一种偏执的爱好，不管默写还是考试，只要哪位同学有作弊的行为被他发现，他就会不留余地地站起来，当场举报。

他的这种行为得罪了大批的同学，不管作弊没作弊的，以前和他交好不交好的，都和他保持着足够的距离。

好几个老师明里暗里也给他提示：你是学生，你学好你的功课，做好你的题就可以了。别人的，不需要你理会。

但是，他就是停不下来，他觉得自己就像犯了一种毒瘾，逢到考试，就兴奋。当然不是因为考试兴奋，而是因为可以像警察抓小偷一样，举报作弊的同学。

这个状态整整维持了将近一个学期，学校开始安排高考准考证的时候，很多的家长和同学找到老师，要求不要和他一个考场。他们说高考是不容作弊的，大家都明白这个道理，所以并不是因为想作弊而不要和他在一个考场，而是实在受不了考场上多了一双窥探的眼睛，任何人都不会喜欢在这么严肃紧张的场所被一双眼睛死死盯着的。

他哑然失笑，他从不知道，他执意的坚持会给别人造成这么大的压力。他主动找老师，作了一个保证，但是在老师将信将疑的目光下败下阵来。

在高考前两天的课堂上，他抱着肚子疼得叫了起来，校医初步确定是急性阑尾炎，需要送医院复查动手术。这时候，他从老师和同学的眼里看到了浓烈的期盼……那种期盼不是希望他得的不是阑尾炎，而是希望他动手术。他被这股赤裸裸的期盼刺痛了双眼。

他的16岁，喜欢上了警察与小偷的游戏，却在这场游戏中以失败收场。

他的17岁，学会了内敛和成熟，在高四的教室里，得到老师的器重。

但是他说，如果可以回头，他不会选择17岁的器重，而是16岁的懂事。

成长的过程中，有时我们会忽视生活的重心，做一些自认为很重要，之后看看又不是很重要的事情。没什么懊恼的，过程中既使错误再大，那也是一种经历。

但是当大人发现孩子的念想有偏差的时候，要果断阻止，不能依着孩子的性子，等待他自己发现错了。

梦想，把世界装进口袋

恍惚的季节

没有人能预知未来，但是每个人都可以给自己描绘一个自己喜欢的未来。虽然很多时候，明知向往的未来遥不可及，但还是愿意沉醉在这个梦里，不愿醒来。

这个故事的主人公叫阿朱。

一开始他还是很喜欢同学们赋予他的这个称呼的。因为他姓朱，而且显然“阿朱”要比“小朱”好听很多。

直到初二看了金庸大侠的“飞雪连天射白鹿，笑书神侠倚碧鸳”，他才知道阿朱原来是《天龙八部》中的女主角，一个让萧峰终身遗憾的女人。

再迟钝，他也开始明白，同学称呼他“阿朱”背后潜伏的意思：一个姑娘，或者说娘娘腔。

其实他并不是一个娘娘腔的男生，只是他长得太漂亮了，不是男生的俊朗，而是女生的秀气。他有着忽闪忽闪的大眼睛，睫毛又长又翘，唇红齿白，皮肤水嫩得可以掐出水来……

他开始憎恶这个名字，也开始憎恶自己的这张脸。

"那时，我最大的想法就是，如何让自己变丑，变得有男人味。"他苦笑。

我见到他的时候，他已经高二，我不知道他之前的两年是如何过来的，但是即便到了高二，当听到别人对他外貌评论的时候，他还会像一只警觉的豹子，睁大眼睛，随时准备反扑。不过，现在他已经比初二时淡定了许多。

初二读《天龙八部》，他被阿朱闪了眼。他准备改变。

不好辣的他开始尝试各种辣，麻辣、微辣、重辣、超辣……最难受的时候，他蜷缩着在家躺了三天。妈妈心疼得直掉泪，不喜欢辣的口味，又没有容纳辣的胃，为什么一定要吃辣呢？他总不能告诉妈妈，因为她把他的皮肤生得太光滑了，他不喜欢这样的光滑，所以想借辣椒把脸蛋整出点痘痘。所以，他一直沉默着，以至于此后很长一段时间，上餐厅吃饭上辣菜时，妈妈总会不自然地看他的表情，想从他的表情中获知一二。

阿朱为了痘痘付出了很多，但是，上天注定了他和痘痘实在没有缘分，从强迫自己吃辣，到喜欢上吃辣，很长时间里，就额头偶尔会冒出一两个痘痘，持续的时间还那么短，两三天就消失了。

后来，他又试过在太阳下暴晒，剪残自己的发型。对自己最狠的时候，他时常半夜玩手机。太阳晒不黑他，紫外线伤不了他，发型破坏不了形象，他就不信辐射加用眼疲劳，会不让他眼睛近视。

我不知道在这里该不该用"功夫不负有心人"这句至理名言，我见到他的时候，他的鼻梁上总算架了一副近视眼镜，看样子度数还不低。

眼镜总算让他少了些许秀气，至少眼睛看上去没那么忽闪忽闪地煽情了，眼睫毛也看不出长短了。但是，一眼望过去还是比同龄男孩子秀气。

他的脸上继续着忧伤。

"我真希望有一天我醒来照镜子的时候,我变黑了,长了胡须,皮肤也粗糙了,满满的男人味。"

我含笑看着他。"你有没有想过这么一种可能,同学们叫你阿朱,仅仅因为你姓朱,仅仅因为阿朱比较顺口好听?"

他表情复杂地看着我。"有这种可能吗?"

"男人味不一定就得粗犷,就得大嗓门,就得粗糙。一个人是不是有男人味,取决的不是长相如何,而是胸怀是否宽大、性格是否大气。或许一开始你就错了。"

他的表情突然变得很茫然,就像刚从梦中醒来的孩子,一下子还不能分辨什么是真实的,什么是梦境。

其实,很多时候事实真的并没有那么重要,重要的是当一个人在竭力摧毁他的美好的时候,我们有义务保护这份美好。

飘走的云

他很小的时候,爸爸就过世了。进初中的时候,爸爸留给他的印象只有粗糙的手和大皮鞋。

爸爸于他只是一个虚无的概念。

他习惯了只有妈妈的生活,高跟鞋,口红,香水。只有偶尔在同学谈论爸爸的时候,他才会努力地想爸爸,自己的爸爸会是什么样的呢?

初二的时候,新来了一个物理老师,人进中年,不高的个子,有了横向发展的趋势,大肚腩凸显。他的脾气很好,爱笑。笑的时候,原本不清晰的皱纹就像瞬间放大的纹路,爬满他的额头。这非但没显得他老态，相反更显得他智慧。

他突然有了一种奇怪的想法，如果爸爸活着，应该差不多也这个年龄了，或许也如物理老师一般，笑的时候皱纹明显，只是不知道他的笑容会不会如老师一样多。

他开始发呆。上课的时候，对着物理老师的脸，他几次想伸手过去，触摸一下他额头的皱纹，或者摸一摸他的手掌，感受一下他的温度。但是，这仅仅是想想而已，他不敢逾越。这个人不是爸爸，而是老师呀！他只能偷偷地仰视他，偷偷地想爸爸。

那是他的秘密。他把秘密埋得太深，就成了他的软肋。

他怕物理老师。

明明个头比物理老师都高了，可是在老师面前，他拘谨地像个刚学会说话的孩子，怕说错话，怕老师不喜欢他。

他的拘谨引起了物理老师的注意，提问时有他，补课时有他，培优时有他。他俨然成了物理老师的大尾巴。一开始，他回答问题会脸红结巴，慢慢的，这种现象就少了，渐渐多了一份难能可贵的自信，回答问题的时候井井有条，没有丝毫慌乱。

有这么大变化的原因只有一个：学习上老师对他格外关照，那是不是可以说明老师非常喜欢他？

他因这个发现而振奋。他总能从若干凌乱的脚步声中辨出其中的一种声音来自于物理老师的大皮鞋。不同于旁人的踢踏踢踏，那声音显得更加稳重和含蓄。

他变得很想爸爸。所以，当语文老师布置一篇名为《我的××》的作文的时候，他几乎没有犹豫地就写了《我的爸爸》。他写得很生动。写的时候，脑海里呈现的是物理老师的脸。他写了他的笑容，他的皱纹，他说话时喜欢轻舞左手的习惯，甚至还写了他与众不同的脚步声。

当语文老师把他的作文作为范文在课堂上朗读的时候，有一个同学捂着嘴吃吃地笑，小声地说："和物理老师很像呢！"

全班哄笑。

说者无意，听者有心，他憋红了脸，像心中的秘密被人窥探一样，心惊胆战。如果物理老师知道他的学生在他的身上寄托了别样的感情，会不会觉得很可笑？

点开这份邮件的时候，我刚给自己倒了一杯水。是午夜，袅袅的水汽在昏暗的灯光下，有一丝不同于白日的真切。

我们不能选择自己的亲人何时离开，但是我们可以选择以什么样的方式缅怀。云飘走了，蔚蓝的天空还在。这样的感情并不昏暗猥琐，相反是明亮积极的。

几天后，我又收到了他的邮件，他愉快地告诉我，他把他的故事讲给物理老师听了，物理老师拥抱了他，而且他还握了一下物理老师的手，很粗糙，有当年握着爸爸手的感觉。

把心敞开，我们看到的天空就不一样了。

你是我的小苹果

我写的故事里经常会出现一条狗，偶尔愚蠢呆笨，偶尔又机灵可人。不过，通常是在你希望它机灵可人的时候，它愚蠢呆笨；在你希望它愚蠢呆笨时，它又机灵可人。

它是真实存在的，是一条拉布拉多犬，黄色，名字叫小样。

它在我的生活中扮演着很重要的角色，每天准时叫我起床，我不动，它就持续叫，比闹钟持续的时间长，而且分贝高，节奏明快积极。它奉行的原则是，我不起床，它誓不罢休。抛开尽职闹钟这一荣誉，它的另一个作用是尽职的陪练。吃过晚饭，时隔20分钟，如果我还坐着没有出去的意向,它就会站起来死死地抱着我的腿,意思就那么一个:姑娘,你该去散步了。

很多时候,在黄昏的大街,一个女人和一条狗就这样慢慢融入路边的风景中。我走得快,它也走得快;我走得慢,它也走得慢。

我已经适应了这样的节奏。不过有一天,这和谐的画面被破坏了。

因为在我们经常散步的那个路段,又加入了一道新风景。一个男生牵着一条黑色的拉布拉多犬神奇地出现了。

我就这样被我家重色轻友的小样给抛弃了。只要看到那条大黑狗出现,它就完全忘记我教给它的淑女气质。什么慢慢地走路,什么不要把舌头伸出去,它才不管呢,瞬间本性暴露无遗,流着口水扑过去,把主人忘得一干二净。

我不是恶人,总不能因为我被甩,就破坏一段狗与狗的爱情。

只好人随狗愿,和那条大黑狗的主人,站在旁边看着狗们嬉戏。站的次数多了,我就和大黑狗的主人熟了起来。

他现在是高一的学生,对狗的痴迷,是因为小区门口一家兰州拉面馆里的一条金毛。那条金毛训练有素,主人让它站着,它绝不趴着。有次他在他们家吃饭,抽屉里的零钱不多了,主人对着金毛喊把我的零钱袋拿来。那金毛没等主人说第二遍,就跑到小阁楼上,叼着钱袋屁颠屁颠地跑了下来。

当时的场景把在场的所有食客都惊呆了,原来狗可以这么聪明啊!那时他就想,以后他要养很多很多的狗,每一只都训练得聪明伶俐。

为了实现他远大的理想,他开始努力学习,早起十五分钟读英语,自觉预习新内容,上课记笔记认真仔细。态度的突然转变,令他的父母高兴异常,天天围着他,问他要吃啥东西,要买啥东西,暑假要去哪旅游……他也不含糊,很认真地说:"那就给我买条宠物狗吧!"

他爱怜地看着眼前的狗。"不过大人真心不靠谱,明明主动问我要什么的,可是我真的提出要求了,他们就又找出这样那样的理由推脱。什么狗身上虫子太多啦;什么狗掉毛,家里卫生不能保证啊;什么狗体味太重,影响空气清新啊……各种推脱,各种理由。好在我中考考得不错,他们不好意思一而再再而三地拒绝我提的要求,就给买了一只拉布拉多犬。"他满足地唤了一声"小苹果",那只大黑狗立即停止和小样耳语,认真地望向他。

"这是我养的第一只狗,叫小苹果。我也想明白了,在不能大批量养宠物狗之前,我养的狗,都叫小苹果,我呢就是那棵挂满小苹果的苹果树。我会越来越系统地训练它们,假以时日,总会培养出一条聪明万分、万众瞩目的狗。"他得意地看着我,"哪天你听说有一条相当聪明的狗叫小苹果的时候,那就说明我的梦想实现了。"

看着他发亮的眼睛,我突然有些愧疚。和这位小朋友比起来,我对小样是不是太松懈了?不过看着它的傻样,又突然很释怀。

我们何必因为别人的梦想而改变自己的梦想呢?这样简简单单、快快乐乐的就足够了。

但是现实中很多人却做不到这点,朋友获奖了,他也想获奖;朋友去国外旅游了,他也想出国旅游;朋友买了一件衣服,他也想买那件衣服……不要做别人的影子,每个人生活的环境是不一样的,适合他的不一定适合你。我们要学会找自己的强项,活出自己的精彩。

学会松手

6岁时,他在儿童游泳馆学游泳,救生衣上的带子不知怎么卡到了跳台下面的柱子上,他在水里挣扎,却无能为力,整个人像被一只巨手抓住了一样。他想哭喊,可一张嘴就呛了好几口水。奄奄一息的时候,好不容易被游泳教练发现,他才算捡回了一条性命。

他苦涩地笑。"那种黑暗不是能轻易用语言描述的，水就像一个张着血盆大嘴的魔兽，那一刻我几乎能看到它磨着牙齿在吞噬我的生命。那种痛苦和恐惧，是我一辈子的阴影。"即便过了这么久，说起这件事，他的眼神还在紧张地游离。"于我而言，今天能站在这里，几乎是重生。从那天开始，我视水为天敌，怕水，远离河海，不敢坐船。"

他轻轻地叹了一口气。"这样的恐惧一直跟随我这么多年。虽然我努力回避这个问题，但是，只要涉及水，我就会敏感害怕。恋爱的时候，我和老婆坦白过这件事，她表示理解，说反正我们又不是生活在水中的生物，安安心心地在陆地上生活好了。那是我听过的最美的情话。我和她结了婚，婚后生了我的儿子。那是我人生最美好的一段时光。"

幸福的表情从他脸上很快划过。"可是随着儿子渐渐长大，他却表现出对水无限的热爱。大海、沙滩、游泳、冲浪、漂流……这些我非常排斥的东西，他异常喜欢。他小的时候，我还能用我当年的故事阻止他，但是，随着他慢慢长大，他开始排斥我的说法。我再说，他就会用一种我很陌生的目光看着我，那样的目光和水一样都让我害怕。"他的手抓着桌沿，"我只是爱他啊，只是为了他的安全，他怎么就不理解呢？"

我给他讲了网球明星吉姆·吉尔伯特的故事。吉姆·吉尔伯特小时候目睹妈妈死在牙科的手术椅上，这个阴影一直在她的心里存在着。她成了著名的球星，功成名就。但是就是这么一个万众瞩目的球星却万分惧怕牙医，牙疼疼得死去活来的时候，还是拒绝看牙医。她的经纪人啊，私人律师啊，平时生活中至关重要的人都做她的思想工作，动员她看牙医，告诉她大家都陪着她，不用害怕，她好不容易答应了。可是当牙科医生在那准备器械的时候，她却已经在手术椅上死掉了。

她被自己吓死了。

他脸色苍白，脸部的肌肉抽搐了几下。

"很多时候，可怕的不是某种经历，而是自身的一个念头。"我看着他，补充道。

那天的谈话到此就结束了。离开的时候，他的脸一直很苍白。走到门口的时候，他掏出一支烟，点了几次火，都没点上。

他望着我尴尬地笑了一下，随手将这支烟扔进了垃圾桶。

他没有再联系我，倒是他的儿子找过我一次。那个十五六岁的男孩，看上去只有十二三岁的样子，表情有些稚嫩，不过很开心。

"我爸爸答应让我去学游泳了。"他得意地做了一个划动的姿势，"我是班上唯一的男子汉，其他的学员不是小朋友，就是大姐大婶。不过还是很高兴。"说完，他伸了下舌头。

"他怎么样？"我问。

"还是那样，极度怕水。不过他也知道，他的这种想法是不健康的。他说在我的问题上，他会努力学着松手，这样我的将来就不会背负他这样的压力。那对他已是很大的进步了。"接着他从口袋里掏出一本小相册递给我说："这是我爸让我交给你的，是我们上个礼拜去海边玩时拍的照片。爸爸只敢站在远远的地方当摄影师，照片质量不高，但是他说你看了一定会高兴。"

我接过小相册，主角不在照片中，主角又在照片中。

每个人都有惧怕的东西，这和他的某些经历有关。克服这样的心理障碍需要很长的时间，我们要有足够的耐心，等待他的蜕变。

花开的声音

见面的时候，他送给我一束花。虽然对花比较白痴，我也一下叫出了它的名字："马蹄莲。"

"我觉得作家应该比较符合马蹄莲优雅高贵的气质。"他笑着说。

这句话换我说，我一定会说："我觉得马蹄莲比较符合作家优雅高贵的气质。"被他一说，明显我成了马蹄莲的陪衬了。我有些哭笑不得。我也没纠正他的话，欣喜地接过，赞道："这花真美。"

他认真地纠正我。"不是这花真美，而是花都是美的。"那一瞬，我突然明白，刚才不是他表达出错，说反了，而是他真心喜欢花，他觉得人类只能给花做配角。

他的认知有些出乎我的意料。因为他是贴着成功标签的男生，多愁善感、以花为美，这些似乎不太符合他的形象。

他在本市几乎家喻户晓，很小的时候就是地方电视台一档综艺节目的小嘉宾。他奶气十足，充满童真的表情和话语迷倒了一大片观众。那些挺着大肚子的孕妇坐在一起聊天的时候，常常会抚着肚子说，要是我家的宝宝，以后有谁谁这么可爱就好了。

这个谁谁，说的就是他。不要以为我夸张，这样的话我前前后后真的听到了不少。后来他长大，进了某初中，又开始客串地方教育频道的主持人，负责一档好书赏识推荐的节目。但凡他出现的节目，收视率都会比同期的高出一点，连我的奶奶偶尔在电视里看到他，也会啧啧感叹：这孩子都这么大了啊！

他不仅长大了，还给学校带来了一系列殊荣，什么全国比赛的几等奖，什么国际比赛的几等奖，等等。镜头前出现的时候，他一直笑得很云淡风轻，给人的感觉就是他获奖是理所应当的事情。就好像吧，他是为了证明人可以一帆风顺、轻易成功而诞生的。

但是就是这么一个被大伙羡慕的角色，在光彩夺目的舞台下，却告诉我，所有的花都是美的，人在花面前是退而求其次的。

"你很喜欢花？"我问。

他点头。"也不是天生就喜欢的。我小的时候做过一期节目,不知道你看过那期节目没有?有个小女孩眼睛受损,她最大的心愿就是看清天下五颜六色的花朵。当年我和她差不多的年龄,录制节目的时候,听她这么说,我的表情都僵了。主持人叔叔还和我开玩笑,说是不是这位小姐姐太漂亮了,小顽皮都不敢说话了。我连忙点头。其实真正的原因是如果我脸不绷紧点,我怕我会忍不住掉眼泪。"

他轻笑。"你没在现场看到她的可怜样,我按剧组的要求送给她一顶小红帽。她问我这是什么,我说小红帽。她说是和花朵一样的红色吗?我说是的。她就很开心。我很难想象一个从来没见过花的人,她的世界是什么样子的。"

"因为这个插曲,你才那么喜欢花的吗?"我又问。

"是因为她偷偷对我说的一句话。临走的时候,她说她有一个秘密要和我分享,她说她能听到花开的声音。"他调整了一下坐姿,"一个多喜欢花的人,才有可能听到花开的声音?当然,那时我还没有这种领悟,一心也想听听花开的声音是怎样的。我吵着让爸爸妈妈买花,那些含苞欲放的花在花瓶里也会绽放,但是,却从来不会发出声音。我就想是不是因为缺少了根的缘故,因为离开了母体,它变得不快乐了?"

"然后呢?"

"然后,我就编织了一个梦想,以后我一定要有自己的一片花田。我接触荧屏,积极地参加各类比赛,其实只是为了拓展自己的人脉,想等到有一天,需要实施自己的梦想时,能有所帮助。我知道今天我们见面的主题应该是积极的,我的话应该正能量一些。可是现在——"他挺直背脊,"现在是不是对我很失望?卸下光环后,我其实只是一个幼稚的孩子。"

我摇头。还有什么比怀抱梦想更正能量呢?

我想，有一天他一定会听到花开的声音。

我们每个人，只要足够投入，足够执着，都有机会听到花开的声音。

11 路公交车

如果不说，你绝对想不到他只有 14 岁。初次接触，他让我猜他几岁，我一下报出了"17 岁"，其实这个年龄还是参考他爸妈的年龄认真推敲出来的。

他的爸妈是我经常往来的一家亲戚的邻居，和亲戚的关系不错，所以我们在餐桌上遇到过几次。他们很少谈及自己的儿子，亲戚倒是很喜欢他们家儿子，几次三番地对我说，有时间去接触接触他们家的孩子，可能和我接触到的其他孩子不太一样。

这样的话听得比较多，我也没太在意。而且坦白说，相对于标新立异的个体，我觉得正常的群体中的一员才是我更应该关注的，但亲戚仍一而再再而三地提及。后来一次，我们又凑在一起吃饭的时候，亲戚的邻居主动提及了这事，说知道我比较忙，所以一直没好意思开口，但如果可以的话，真的很希望可以抽出一点点时间和他家的孩子聊聊，孩子一定会很高兴的。

不过就他的表情看，我觉得十有八九也是在亲戚的撺掇下才开口的。因为说完，他马上补充说："其实我孩子也没啥特色的，也就很普通的一个孩子。"这话和他前面的邀请式交谈，有太大的反差，以至于我没忍住，当场失笑。

后来，我就见到了他的儿子。一米七八左右的身高，肤色比父母都来得黑，胳膊虽说没练出肌肉线，不过看上去也很强健。

虽然他告诉我他只有 14 岁，可是，我还是有点不太敢相信。

14岁的孩子长得高大的我也见过不少，皮肤黝黑粗糙的也见过，但毕竟还是嫩娃子的年龄，和肌肉男应该还有很大的差距，而这个孩子分明已经处在了肌肉男预备役阶段。

"你是体育特长生？"我问。

他摆了一个显摆肌肉的架势，胳膊上的肌肉轻微地鼓起了一点，并不是太明显。

"我也很希望我是体育特长生，不过估计我的身体吃不消。"他看着我，眼神很清澈，"我是1型糖尿病患者。很小的时候就开始往身上注射胰岛素。小学的时候，偶尔学校打预防针，看着同学强作不害怕的表情，我就想笑，才多大点的事儿，需要摆出一副英勇就义的模样吗？回去和妈妈说这事，妈妈却很心疼，说我吃了太多苦。"

我的脑海里自动恶补了一下糖尿病患者的形象，总觉得和他的现状有天壤之别。"糖尿病不是得控制饮食吗？不是应该清瘦些才对吗？"

他笑了。"2型糖尿病可能有这个症状，1型糖尿病是直接补充胰岛素的，饮食方面要求没这么高。不过也是很痛苦的事情，打针吃饭，打针吃饭，那得多麻烦。不过，那时医生给了我一个亮晶晶的希望，就是小的时候，把自己料理得好，自愈的可能性很高。那句话就是引导我向着光明大踏步前进的引路灯。我的血糖一直控制得很好，我的体质又决定了不能暴食暴饮、想吃就吃，还不能太激烈地运动，太劳累了也不好。所以啊，我就只能选择走路和慢跑。"

他嘚瑟地向我伸出一只手。"整整五年，差不多都快六年了，五公里以下的目的地我都是用走的，即使是雨天没间断过。我四年多没有打胰岛素了，血糖指数一直很稳定，很正常。可以说，我已经完全康复了。"

我有点羡慕他的积极乐观，不是每个人都能经营好自己的身体的，而他那么小的年纪，却依靠后天的努力把先天的不足给灭掉了，实属不易。

"我觉得我目前的这种状态和走路有不可分割的关系。"直到离开,他还在炫耀般地对我晃动着他的大长腿,"我觉得11路公交车是上帝赐给我们的护身符,得懂得利用。你也是哦,不用被车子夺走了腿的优势。"他对我打了一个加油的手势。

我想到的第一件事是,我应该多走走路,运动运动。我想到的第二件事是,我亲戚是不是想通过那个孩子向我灌输运动的重要性?答案不得而知。不过,健康是每个人都渴盼的东西,如果可以,迈迈腿又何妨!有了健康,才能有一切嘛!

安静地听完一首歌

半夜电话铃响,接通后,阿娟嘿嘿地笑。"知道你还没睡,我刚唱歌回来,刚才有朋友唱了陈升的《把悲伤留给自己》,我突然就有一种岁月是把杀猪刀的感慨。一晃神的时间,刘若英都40多了。还好,还好,总算抢在50岁之前把自己嫁掉了。"

我看了下手表,午夜零点三刻。"这个点你给我打电话,算是替刘姐姐怀旧?"

她一本正经地说:"我只是郑重地向你推荐一首老歌罢了。"说完,吧唧挂了电话,徒留我一个人听着忙音。好久我才缓过神来,那姑娘分明就是睡不着,消遣我呢。我敢打赌,打完这个电话,她肯定咧着嘴,不出两分钟就睡着。

但是这晚,我却注定要失眠了。当然失眠与陈升和刘若英的爱情无关,而是因为一个男孩。

阿娟打电话进来的时候,我正在听一段我和一个男生对话的录音。他说,安静地听完一首歌对他而言,也是一种奢求。

或许当真是受了阿娟的影响,我的电脑开始不知疲倦地播放陈升的那首歌,一遍又一遍。

之前我完全不知道,原来一个人可以自由安排自己的时间也是很奢侈的事情。

男孩的爸爸是上门女婿,喜获一子,最高兴的是妈妈的爸爸。因为招了一个女婿,外孙变成了孙子,又冠上了他的姓,嘚瑟得不得了,遇到熟人就拉着人家不让走,跟人家说:"我家孙子出生的时候,乖乖,有八斤二两。"

一开始人家还会虚假地招呼几句。"呀,老头子有福气啊,这么年轻就抱上孙子了。"再或者是:"孙子肯定长大个,有福气,有福气。"

这种话题偶尔说说,大伙还是能够接受的,也愿意敷衍几句。但说得多了,变成永恒不变的话题,任谁也受不了啊。有一天,人家的应答变成了"你也不要一直说你孙子出生的时候几斤几斤啊,说说你孙子咋就背不出课文呢?",后来又变成"听说你孙子被老师训话了,为了啥事啊?"

老爷子受了这种气,脸色就不好看了,回去不舍得凶孙子,但是凶女儿还是可以的。当妈的因为儿子学习不好,原本肚子里就窝着火呢,再被老爷子一刺激,便决定一定要把儿子扶起来,不再被耻笑。

从小学二年级开始,他的日程就被排得满满的。一三五晚上数学,二四六晚上英语,礼拜六、礼拜天上午作文,剩下的时间还得做老师布置的做手抄报、仿写诗歌等作业。

功夫不负有心人,他再愚钝,被家长开启了这种强压榨油模式,就算没油也能榨成渣,冒充下油了。

妈妈笑了,爷爷又终于找到可以嘚瑟的话题,可以继续和老伙伴们吹嘘孙子如何如何出类拔萃了,没有谁会考虑他是怎么想的。

他的声音漂渺得就像风中的花香。"从小学二年级到现在高一，这些年我从没做过一件我想做的事。同学们讲电视连续剧中的谁谁多帅，谁谁多美，谁谁多憋屈，这些人物我统统不知道。他们会唱的歌，我只零星地在路上听过。他们说的撕名牌游戏，我到现在还不知道那究竟是怎么玩的。在同学们的眼里，我就是从火星上来的。我多想要一小段属于自己的时间，能安静地听完一首歌。"

　　如果，他的妈妈听到这段心声，不知道会不会和我一样，难以入眠？

　　大人是应该对孩子管制，但不是把孩子管制成学习的机器。我们管制他，只是为了让他有一个美好的属于他自己的未来，绝不是自己的面子之争。

　　快乐地学习、幸福地生活才是我们的宗旨。

一个人的晚修课

　　他不是一个爱学习的孩子。

　　他的爸爸初中毕业后，干的都是苦力活，好在家底还成，就凑合开了一个烟酒批发的小门市。没想到歪打正着地找到了事业，等他出生的时候，小门市的小老板已经变成了开着几家连锁酒店的大老板。

　　从他懂事起，他就被一群认识的、不认识的大人吹捧着，这孩子多帅气啊，这孩子多聪明啊！小的时候，他还不懂，以为大人们说的是实话，他为这些评价洋洋得意了很多年。等到他上了初中，有了一定的审美观，再重新审视自己的时候，他突然发现所有的赞美，只是大人们的谎言。

　　他们会这么说，仅仅是因为自己有个还算有钱的爸爸。

　　原来只要有钱，就可以让他们说违心的恭维话。原来只要有了钱，一堆的大学毕业生，也要为一个初中毕业生打工，赚薪水。

他一直记得，有个大学生抱着一大堆证书来应聘，可能因为紧张，竟然撞到了大厅的大柱子上，证书撒了一地。他正好经过，看到大学生捡证书的手一直在发颤，他有些不忍，弯下腰帮他一起捡证书。

那个人最后没有被爸爸录用。不被录用的理由是，爸爸不喜欢他的名字！

他去找爸爸理论，爸爸说，一个人有能力任性的时候，偶尔任性一下又有何不可呢？

一个初中毕业生，竟然可以对一个学历比他高一截的大学生这般任性妄为，其阵势就像菜市场买菜，随手点几个，这个我买了，其他的我不要。被选中的欣喜若狂，没被选中的愁眉苦脸。

就因为爸爸的任性，一个满怀抱负的人被公司拒在了门外。

他觉得万分悲哀，为这个人，也为满腹的知识。

原本就是不爱学习的孩子，有了这个认知，他就更不喜欢学习了。很多时候，他会不由自主地想，如果那群大学生知道选择他们、淘汰他们的只是一个当年不读书的小混混的时候，他们会有什么样的想法？不管别人的想法如何，他决计不要成为菜市场上的菜。

所以，他玩得很安心，完全没有把学习当作任务，更没有自觉地认真学习。妈妈骂他，他无视，然后她又换了一种方式给他奖励：孩子，只要你考到多少分，你上次看中的那款手机就帮你买回来。

他鄙夷地笑，自己才不要成为大人们的游戏道具。打怪升级赚奖励，那不是他的目标。他的目标是和爸爸一样，玩着玩着就成了一个有点资本的小人物。

原本，这样的人生也不错，混个初中毕业，去爸爸的服饰连锁超市历练，以后闯出自己的一番天地。可是当他把这个当理想，在爸爸的生日宴会上说出来的时候，爸爸却直接把酒杯甩在了地上。

"你看到眼前的爸爸，你觉得很成功是不是？觉得爸爸很任性是不是？其实不是，爸爸只是嫉妒，嫉妒他们有那么好的学识，有那么好的才能！在优秀的他们面前，我觉得自卑。你懂什么是自卑吗？别人三言两语就能表达得很清楚的计划或设想，我明明懂，却点不到题上。别人随意聊天，洋洋洒洒就是各种典故、各种名言，我却什么都不知道！"他气得脸色发青，"我能原谅你孩子性，贪玩，不爱学习，我可以等，等你懂事，等你爱学习，但是我根本没想到，你竟然如此肤浅。你有没有想过，如果我是大学毕业，我的事业还需要局限在这个小地方，局限在这个领域？我为什么要聘请那么多大学毕业生给我策划各种促销方案？因为我的局限性，我没有那个能力，只能借助于别人。"

他错愕地看着爸爸，在他眼里风光无限、任性嚣张的爸爸，心底里却有着他看不到的自卑。

听爸爸盛怒下说出那通肺腑之言以后，他不敢再造次，每天回家就安安静静地做作业。

或许迟了，可是他的确已经长大了。他在用他的努力弥补当年的无知。

一个人长大只是一瞬间的事情。但，只要成长，一切都来得及。

记得说早安

他是典型的坏孩子，脾气很暴躁，一触即燃。

第一次暴露他的坏脾气，是在幼儿园小班。同桌的一个小朋友要抢他的玩具，他抓起手边的机器人，就向他砸了过去，伤口离小朋友的眼睛只有一厘米。

一时的暴躁，差点造成一次大的事故。老师把这个当现实教材，讲给小朋友们听，这个是危险的、是不对的。其他的小朋友都表示认同与理解，只有他绷紧着脸部的肌肉，对老师的教育置之不理。

老师问他，这样的行为后果很不好，知道错了吗？不管老师如何哄骗诱导，他就是不说话。老师只好找来他的父母，讲述了整个事情的经过。妈妈气急败坏，要他向同学和老师道歉。他不说话，逼得狠了，才说自己没错，是同学先抢了他的玩具。

那次的教育不欢而散，他就是不开口道歉，最后还是妈妈厚着脸皮，站在那个小朋友的面前，深深地鞠了一个躬，代他道了歉。对方的妈妈明显不是太满意，一直抱怨，说难怪会有这么暴力的小孩，都是做妈妈的宠出来的云云，她默默地承受着这一切。

到家，他欢天喜地地开始吃零食，她却哭了。她红着眼求他，不管发生什么，一定要按捺住自己的性子。

但是，那几乎是奢求。

幼儿园，因为发怒，他无数次扔过小朋友的东西。小学，因为一语不合，他就伸出拳头暴打同学。初中，为了不做作业，他抓着同学的领子，逼同学晚上先帮他完成作业……

从进入校门开始，他就恶迹累累。老师找家长谈话，他的妈妈每次卑微地赶过去，一再地道歉，一再地保证，自己的儿子心地善良，他只是一时冲动，会改的，会改的。

他觉得妈妈的懦弱破坏了他一贯的风格，有时刚走出校门就甩脸色给妈妈看，让她不要给自己丢脸。最严重的一次，为了惩罚妈妈的软弱，他给妈妈留了一张纸条，告诉妈妈，他买了去上海的车票，准备离家出走了，让妈妈不要找他。

那天，妈妈看到纸条后急疯了，慌里慌张地赶去汽车站。可他呢，却没心没肺地坐在网吧，为了音乐声的大小，和邻座打了一架。

在公安局见面的时候，妈妈哭着责问他，为什么要说谎？为什么要打架?

他冷笑,淡淡地说:"那是对你软弱的警告!"

夜班到家,妈妈没顾得喝上一口水,看到他留的纸条,便急急忙忙地找了一天,好不容易有了他的消息,却又是因为打架!面对的又是这番说辞!

她一下发现自己浑身的力气被抽干了,步履蹒跚地走了出去。

那是她第一次没有在第一时间及时地解决他的问题。他想骂,但看着她沉重的背影,最终什么也没说出来。

从那天起,妈妈就变得迟钝了,不是忘了这样东西,就是忘了那件事。有时候,妈妈只是呆呆地看着他半天,也不说话。

看到这样的妈妈,他也心疼,也想压制一下自己的脾气,让妈妈少操一点心。可是,上一刻明明是这么想的,等到下一刻脾气上来的时候,他就把这些又忘了。

妈妈就在他一次又一次的反省和挣扎中病倒了,她没有告诉他她的病有多严重。等到他又一次犯了大错误等羸弱的妈妈来拯救的时候,妈妈却悄悄地合上了眼睛。

成长是要付出代价的,他不知道,他要付出的代价是如此沉重。

我见到他的时候,他已经蜕变成班上最安静的美男子。他的眼里有太多的情绪,后悔、沮丧、认真、内敛……正因为太多,反而显得平静似水。

他说他一直在做一个梦,希望有一天早上醒来,可以对妈妈说:早安,妈妈!

我不知道有多少人会在每一个清晨,对妈妈说早安,但是我知道,读完这个故事后,会有更多的人珍惜这声问候。

这声问候,有的妈妈等了一辈子。

珍视你现在拥有的,不要再大声对父母说话了。我们试着从每天早上的这句问候开始改变,好吗?

岁月静好

梦想不一定要种在心里,如果可以让梦想飞出去——

这句话,写在卡卡家的墙上。字体不大,淹没在一大堆黑色记号笔写出来的句子中,我站在墙边,看了许久才看到了这句话。

我忍不住嘴角上翘。

我和卡卡的相识,是卡卡极力促成的。有次我去卡卡的学校作演讲,回来后,就接到了组织这次活动的一个老师的电话,她说一个学生在办公室和她磨,想要我的邮箱地址,问能不能给他。

那个学生就是卡卡。

卡卡后来在邮件里告诉我,为了要我的邮件地址,他准备了好几套方案。不过,因为那位老师是出了名的心软、好说话,所以他才把这个当第一方案,没想到一下就达成梦想了。说这句话的时候,他一副得了便宜还卖乖的模样。

我问他,为什么想认识我。他支吾了好半天才说,爱屋及乌的可能性比较大,因为喜欢了我的文字,所以顺便喜欢了写文字的那个人。

这话倒也符合卡卡的性情,比如和墙上的那句话一样,视角另类,却又能让人接受。

我再次读了一遍写在墙上的这句话,轻笑,果然是个很有想法的孩子。

适逢卡卡的妈妈端着咖啡出来,见我在看这些,赶紧解释说:"这些都是卡卡淘气的时候写上去的,一开始我们也骂,好好的一个家,被他东一笔西一笔地乱涂乱画,搞成啥样子了。可是他倒好,非但不改正，还抱着我的肩膀哄我，说万一以后他成了一个什么名人，这满墙的字体就是真迹，那这房子转手就值钱了。也不知道他脑袋里装的是什么，老说这些不着边际的事情。不过还别说，白天一个人在家的时候，看着这些大杂烩也挺有味儿的，都是出自儿子的手笔啊。以后啊，他长大，成家立业了，就不可能天天陪在我们身边了。想他的时候，看着这些东西，一天很快就过去了，再看，又一天过去了。这样想想也挺美的。"

卡卡的妈妈很热情，一边说一边招呼我："也别就看这个啊，快尝尝我泡的咖啡。这可是我现磨的咖啡豆，煮出来味道要比即溶咖啡醇香。"她站在茶几旁，吸了吸鼻子，做了一个嗅香味的动作，接着说道："我不太喜欢喝咖啡，却迷恋煮咖啡，这是一个充满享受的过程，可以让人很放松、很知足。"

咖啡装在金边花式的白色骨瓷杯里，配套的荷叶边碟子，与黑色的钢化茶几浑然一体，很简洁明快。

"咖啡和咖啡杯都很漂亮。"我坐下，品了一口，香醇可口，由衷地表扬。

她得意地笑。"我们家只是一般的小人家，不过对生活我还是坚持着我自己的一套理论。像这种原本是为了生活情趣添置的东西，是绝不能马虎的。这套装备不算太便宜，但是既然决定享受了，那就要全身心摆出个享受的范儿出来。不能一天到晚地数着票子，这个太贵，我们挑便宜的；那个在打折，我们还是买打折的。花钱也是积极生活的一种，能让自己愉悦，那就让自己愉悦。当然，我也不喜欢做没谱的事情，三千元的月薪就作三千元的计划，不能和三万月薪的一样，想出去度假就去办签证。"

可能觉得自己有些跑题了，她赶紧收住话头，又把话题移到了她儿子身上。

"都15岁的孩子了,可是好像一直长不大一样,一天到晚蹦蹦跳跳、无忧无虑的样子。他也有这样那样的缺点,不过我觉着吧,孩子有些小缺点才生动,才更像孩子嘛,所以也就任由他发展了。"

她喝了口咖啡,她指了指墙壁,说:"这就是我纵容的证据,和快乐比较起来,一面墙壁又算得了什么呢?"

咖啡喝完,卡卡还没有回家,我起身告辞。

她意外地看着我。"你不见我家卡卡了吗?"

"我过来,只想弄明白一件事,他为什么这么快乐,但是见了您之后,我就知道原因了。"我笑着说。

一个孩子幸福不幸福,看他的妈妈就知道了。如果妈妈是积极快乐的,那么她带给孩子的肯定也是积极快乐。

❀ 自由，是一首属于自己的诗歌

做自己的偶像

一开始我接触的并不是他，而是他的妹妹。那时《古剑奇谭》的热潮正盛，他的妹妹被屠苏深深吸引，墙上贴的是李易峰的海报，床头摆的是李易峰的水晶摆件，桌上放的是李易峰的相册。大的，小的；笑的，不笑的；古装的，现代的。各种姿势，各种背景。

餐桌上和父母讲李易峰，在学校和同学讲李易峰，公共场所只要有人讲李易峰，她就会像花蝴蝶一样贴过去，问上一句："你们在讲什么？"然后热情洋溢地参与进去。

因为追星达到了痴迷程度，她的父母担心她会成为杨丽娟第二，决定在小火星演变成大火苗前尽早地将它扼杀在摇篮里。父母的努力几乎也达到了走火入魔的程度，指望每一个路人甲都是拯救他们女儿信仰的奥特曼。于是有一天，我被他们通过某种关系找上，然后被请进了小姑娘的闺房。

我也有过追星的年龄，也买过海报、明信片，笔记本上也贴过几张偶像的大头贴，但这么大规模地追，我想都没想过。我环顾四周，虽然有一定的心理准备，但还是被吓了一跳。

"为什么那么喜欢李易峰？"我笑着问。

"人帅气,又善良。"她想都没想就说,"笑的时候很纯净,而且眼睛会说话,一看就是一个简单快乐的人。"

我认真地观察各张海报,没有那女生的领悟力,实在看不出他的眼睛会说话,看不出他的简单快乐,所以只好放弃了。好在她没有刘帅哥的粉丝来得疯狂,并没有那种一定要见偶像的雄心大志,聊了一会,我也就放心地退了出来。然后,我就看到了欧阳。

男生,十三四岁的样子,个子不高,不过表情很沉稳,有超越他年龄的冷静。

他的妹妹小声地对我说,那小子是性情冷淡的怪人,不用理会。

果然,对于我们的出现,他只是本能地抬了一下眼,而后又低下头,继续摆弄他的机器人。

他妹妹对我龇牙,很得意地对我眨了下眼睛。"他经常听我们聊李易峰,但是连李易峰长啥模样也确认不清,属于脸盲症重度患者。不过对机器人这类玩具有偏执的爱好,和他们学校的几个同学组团,经常去参加机器人比赛,也经常能获奖,不过都是团队奖。我常想,团队比赛,机器人有好几个,他咋就能认出他要控制的机器人?难道他对机器人有特殊的辨认系统,只对人类眼盲?"

我刚想笑,就看到他抬起头盯着我,说:"等等,我认识你,我看过你写的小说。"

然后,我就傻眼了,不是说眼盲症吗?我看着他妹妹,不确定地说:"难道我也是机器人?"

我从来没有想过有一天我和一个小男生促膝而谈的时候,中间会隔着一个小型机器人。我也没想过喜欢玩机器人的小男生,竟然也会看小说。

"为什么那么热衷玩机器人?"我问。

"机器人本身是没有感情的,我注入了它多少希望,它就会产生多少成就。而这个成就最终会落到我的头上，与它没有任何关系。"

我没太明白他的意思。

他解释说："机器人代表的是我，它成功了，就是我成功了。但是，机器人只是我成功的跳板，并不是发现我的伯乐。"

他面无表情地摆弄着机器人，头也不抬地继续说："别人都以为我喜欢机器人，机器人是我的偶像，所以我才乐意在这个游戏上花费这么多时间，其实不是的。当我决定向奖项迈进的时候，机器人的体内已经潜伏了一个我。我和妹妹不是同一类人，妹妹只是远远欣赏偶像的光环，只要偶像的光环在，她就会很快乐。而我不是，我欣赏的是自己成功的喜悦，我的偶像是我。"

他抬头看了我一眼，皱了一下眉，接着说："我是一个很骄傲的人。在接触机器人之前，我在同学中只是默默无闻的一个，小小组商讨班级活动，他们经常会自动忽视掉我。有一次，我刚好有个建议，刚要发言，我的前座直接忽视我迫切的神情，淡漠地对我说，你能有什么好建议，算了吧，还是不要说了。那句话深深地伤害了我。但是现在他却常常对我说，你的机器人怎么可以玩得这么好呢？因此，我认为一个人想得到别人认同，最好的方式是先得到自己的认同。如果自己都不能把自己当偶像，那么谁又来把你当偶像呢？"

或许，做自己的偶像，是另一种自信。只是，有多少人能看到自己的优点呢？

其实，我们完全可以把它当成每天的最后一项作业，闭上眼睛躺在床上的时候，想一想：今天，我最大的成绩是什么？

心在飞翔

这是一个吃货的故事。

在吃货的词典里，没有胖和高热量这类词，有的只是好吃与不好吃。但是在这个高级吃货的眼里，却只有能吃与不能吃。

他叫大胖，因为太能吃，个头虽一路拔高，但身体却一直在以横向的趋势发展。高一新生入学进行完模拟考试之后，他的知名度一下子和年级的模拟考冠军打成了平手。冠军是因为成绩太优秀，三门学科总分以甩开第二名20分的绝对优势，位居榜首。虽然学校一再隐瞒这次的排名，但应验了纸是包不住火的至理名言，不出三天，全校皆知。

大胖的出名和冠军的出名有异曲同工之妙。他当然不是因为成绩的绝对优势，而是因为体重的绝对优势。据说定制校服测体重的时候，他直接以甩开整个年级体重第二名24斤的优势，强悍地霸占了首重的宝座。

当听到这个排名的时候，他本人倒是很乐观。"原来我有这么胖啊！"然后龇牙大笑。

大胖并不是一出生就是胖子。他是早产儿，出生的时候刚五斤，小脸比手掌还小，一脸皱皮，把奶奶心疼得眼泪直掉。不知道是早产的原因，还是母亲先天奶水少，他没吃过母乳，食物只能以奶粉为生。

因为他是父母冲动下的结晶，两个人仓促结婚，爱情不足，经济能力也不够，在购买什么牌子的奶粉上更是争吵不休，这个说那个不理性，不考虑收入，一味追求好的、贵的；那个说这个做人太小气，在孩子的奶粉上都舍不得投入。奶奶实在看不下去了，把他抱回了自己家，用省吃俭用积攒下来的钱给他买奶粉，吃的时候再加一点米粥。

有人说奶奶这种带孩子的方式不对，孩子几个月之后才能吃米糊米汤。她表示不屑，一个人活着，能开心地吃饱就行了，考虑那么多做什么？

奶奶别无所求，她只要大胖不要皱巴巴，要长成大胖子。

大胖不负众望，在奶奶的悉心照料下茁壮成长。准备上幼儿园，被爸妈接回去的时候，他已是一个五十多斤的小胖子了。

妈妈断不能接受自己的儿子变成大胖墩，果断输入低热营养学程序，这个不能吃，这个量减半。大胖看着空空的饭碗，可怜地说："妈妈，我还饿。"但是妈妈就是铁了心。

大胖半夜饿醒的时候，偷偷出来找吃的，一开始他还能在冰箱里找到酸奶之类的东西，但几次之后，那些东西也没了。他只好给自己灌水，一杯接着一杯。

奶奶来看大胖的时候，大胖整整瘦了一大圈。奶奶心疼得不得了，坐在客厅里一把眼泪一把鼻涕地发飙，说儿子儿媳不爱自己的孙子，孙子才回来几天就瘦了。那场景丝毫不输于孟姜女哭长城。

大胖太习惯于奶奶的填鸭式喂养，对妈妈的七分饱政策实在不喜欢。借着这机会，他果断把自己喂饱。等妈妈给他讲解外形对身心健康影响的时候，他用奶奶一般的语气说，一个人活着，能开心地吃饱就行了，考虑那么多做什么？

一开始，虽然也胖，但胖得并不是太明显。但是，慢慢的，随着他越吃越多，身体越长越圆。十几岁正是爱美的年龄，可是他却不得不裹在没有造型的衣服里，全无美感，对衣服唯一的要求是，只要能装下。

他笑嘻嘻地和我说着这一切。我以为他会把他发胖的原因推到奶奶身上，但是他却没有。他说奶奶让他多吃只是因为心中留有他出生时的那段阴影。她一直在这段阴影的恐惧中，怕失去孙子。长胖最重要的原因还是因为自己贪吃，他说不知道其他人是不是和他一样，看到美食，什么压力都没有了，整个人都愉悦了。

"有没有想到变苗条了，可能会让你体会到另一种愉悦？"我问。

他点头，又摇头。

"或许我也会有踏上努力减肥之路的一天,但绝不是现在。现在的我,虽然身体已经笨重得飞不起来了,但不会影响我的心飞起来。一个人的快乐与外形是没有太大关系的。"

很多孩子,很重视自己的外表,觉得美丑直接影响自己的形象,让别人讨厌或喜欢。其实,人和人接触及相处的过程中,外表恰恰是最不重要的。高尚的人品、快乐的情绪、积极乐观的心态,更会让人折服。一个人想长久地吸引别人,更需要修炼的是自己的内心。

只要心在飞翔,胖子也可以很快乐。

我不孤单

中午午休时,我跟在李浩的后面,足足跟了一个小时。

老师开玩笑地说:"你这是要做侦探,还是咋的呀?"我一本正经地说:"我是要挖掘一个最真实的李浩。"

在同学们的眼里,李浩是个奇异的个体。大伙儿在商议班级活动的时候,他的背靠在墙上,闭目养神。大伙儿相互交换美食的时候,他一个人坐在边上吃独食。大伙儿实验配组的时候,他从不说话,愿意和他组团的他不拒绝,但从不主动和谁商议说:"我们一组吧!"连他的同桌也摇头说:"我不懂李浩。"

是的,同学们都不懂李浩,但是对李浩,他们却又下了一个差不多的定义:李浩是孤单的。

他的孤单吸引了我。

上学的某个时间段,我也是孤单的。自己也说不上来这种孤单从何而来,就像是突然从血液里滋长出来的,明明很想和人交流说话,可就是要摆出一副疏离的模样。

那个时候,我会选择一个人写诗,字歪歪斜斜的并不漂亮,诗的意境也很一般，可自己偏偏满意得不得了。同学们对诗提出质疑，我便觉得他们纯粹是羡慕嫉妒恨。有时，索性不理会他们，一个人自得其乐。

但是显然，李浩和我当年的生活节奏是不一样的，他不写诗，也没有我的刻意，一切都是那样浑然天成。

我发现他很喜欢学校的甬道，中午别的同学勾肩搭背买吃的，或是聚一起侃大山的时候，他就在甬道里走了一遍，又走一遍。因为天已凉，大家更喜欢布满阳光的大道，甬道上除了想说几句悄悄话的同学外，并没有几个人。我和李浩就属于为数不多的几个人中的两个。但我是低调的，安静地靠在入口处的一棵树上，耐心地看他走了一遍，又走一遍，像是闲庭信步，毫不急躁，显得很满足。

这个过程持续了差不多二十分钟，而后他便走回教室，看起课外书来。

这个人无趣得很啊。

我在窗外观察了很长时间，实在不能再坚持下去了，叹了口气，有气无力地走进教室，来到他的课桌前。

"我跟踪了你一个小时，这一个小时无聊得很。"因为他的前座不在校用餐，人还没过来，我便拉开椅子坐了下去。

他很平静地看着我。"你就是龚老师说的想见我的那位老师？我不知道我有什么优点能够引起你的好奇。"

我随手朝几个正在玩乐的同学招了招手。"你们说说在你们的印象中，李浩是个怎样的人？"原本正在往这里走的同学，听到这个问题，果断地掉个身又回去了。只有一个同学坐在座位上想了一会说："李浩是个不太爱说话的人。"

李浩回头看了那个男生一眼，迫于他眼神的压力，那个男生的头低了下去。

"看看,你很随意的一个眼神,又吓坏了一个小伙伴。"我开起玩笑。

他敲了敲自己的脑袋。"你是不是听到了些什么,所以才对我产生好奇的?"

"孤单。"

李浩点头,又摇头。"在同学眼里我或许真的是孤单的,一直一个人,很少说话。但是,我能说我不孤单吗?"他看向我,"人的性格是不一样的,有的人喜欢热闹,他就会喜欢交很多朋友,每时每刻都在为热闹而准备;有的人喜欢安静,在交友上就不会显得这么热烈。我很喜欢那种无牵绊的感觉,喜欢一个人独来独往,但这并不是说我很孤单、很不快乐。这只是我的生活方式,我沉溺于自己的这种方式。如此,一个人可以思考很多问题,比如米色的裤子搭什么颜色的上衣比较帅气,比如这次考试的作文有哪些可能的出题方向。很多时候,我们习惯用夸张的闲聊来表示自己的快乐,我不知道应该如何表达我现在的感受,但是我觉得一个人静心地投入到每个问题中,也是快乐的。"

说完,他不再理会我,又认真地翻看他的书。

我突然发现了一件很奇特的事情,我们总习惯以自己的思维去判定别人所做的某些事,却忘了别人也有他自己的思维。

这就是角度的问题。

所以,不要轻易去评论一个人,因为从我们的角度看不到别人的快乐与悲伤。

顺时针的方向

每个人都有自己的习惯。比如,我打开电脑后,就会倒一杯水,没那杯水,敲击键盘的时候,就像觉得缺少些什么。我认识的一个作家，思路卡壳的时候，就会站起来洗手。那是习惯，但习惯太过了就是偏执。

这个故事里的男生也有些小偏执。

我见过他三次，每次他都是白衬衫加蓝色牛仔裤。那时，我们的话题还没有涉及性格和习惯等方面的问题，三次他都在跟我讲他和父母如何相处得不融洽。父母总要求他不要做这个，不要做那个，他觉得被束缚住了，很不开心。他又讲同学们是如何不喜欢他，总是看不到他的存在，每次活动都会把他排斥在外。

那次，当他又在讲各种不顺心的事情的时候，我忍不住问他："你很喜欢白衬衫和蓝色牛仔裤？"他明显停顿了一下，然后说："白衬衫不应该配蓝色牛仔裤吗？"

我忙否认，并表示这样搭配看着挺舒心。他明显舒了一口气。"我也不知道是从什么时候开始的，特注意一些细节。白衬衫必须配蓝色牛仔裤，如果搭配了其他颜色的裤子，我一整天就会不自在。一大桌子人吃饭，用手旋转小桌面的时候，必须顺时针的方向，否则我吃的时候就食之寡味，味同嚼蜡。"

我轻轻地敲击了一下桌面。"你做所有的事情都很有规律吗？"

他想了一下说："差不多是吧。要做什么事，基本每天早上睁开眼前，我就构思好了，而且差不多都可以按我设想的去完成。"

"那你有没有想过，有一天，事情发展如果你脱离了你的计划，会怎样？"我问。

"这个应该不会吧？"他想了想，"好像没有什么太特殊的事情可以让我改变计划。哦，有次吃了什么东西拉肚子，挺难受的，不过我还是坚持到晚上十一点，把我的计划全都完成了。语文老师曾经在全班同学面前表扬我，说我是整个班，甚至是整个年级最会规划的学生。不过——他也不喜欢我。"

"哦，为什么觉得他不喜欢你？"我问。

"他说我的作文缺少一种张扬的想象力，太按部就班，没有亮点。"他低眉，有些心不在焉，"你说周围的人为什么不喜欢我呢？"

我沉默了一小会。我想我已经知道他的问题所在。就像切苹果，他偏执地认为苹果必须竖着切，那样才叫切苹果。他就不知道原来切苹果还可以切出小星星。竖着切在他脑海里就是定律，就是对的。所以，当他看到别人横着切苹果，切出星星的时候，他会露出不屑的表情，会以为别人是不对的。

就像语文老师对他的作文提意见的时候，明明是只针对他的作文，但是到了他那里就变成了老师对他这个人的一种否定。

"你有没有想过，男生不穿白衬衫，穿条纹格子的衬衫可能也很帅？白衬衫不搭蓝色牛仔裤，搭灰色和黑色的可能也不错？吃饭时，桌面偶尔按逆时针转一下可能更方便找到那道你最喜欢的菜？"我说。

他明显被我的话吓了一跳，愣愣地看着我。

"当你认同了这些观点的时候，你可能就会发现，原来周围的人这么喜欢你。"我轻笑。

我不知道他有没有理解我说的，但我知道他理解了的时候，就会快乐了。

我们眼里的很多问题，其实都不是问题，需要的只是转变一点角度，让自己放轻松。我们是应该有计划地去生活、去工作，但是计划之余，也应该给灵魂放松的机会，偶尔倒转一回，不会改变什么。

今天，你的生活逆时针了吗？

老树也明白

男生的秘密是一夜之间滋生出来的。

早晨带着一点秘密醒来的时候，他突然发现，自己喉结凸起，嗓音变了，原本稚嫩的皮肤被刺破，冒出了点点胡楂子。

这样的变化让他惊恐。

他的爸爸是个建筑工人，常年在国外工作，他的工作有个高大上的名字：国际援助建设。但是他知道那只是一种包装，爸爸还是那个裤腿沾着泥浆的泥水匠。

爸爸是个粗人，原本就不太会说话，现在又常年在外，所以父子俩的交流基本都是在电话中。他除了问吃饭没有，就是问学习怎样。除此之外，就是空白。他不知道如何向爸爸咨询突如其来的生理变化，支支吾吾了一会，还是说不出口。爸爸善解人意地问他："是不是妈妈给的零用钱不够？"

好不容易鼓起的勇气，一下烟消云散。他们的电话终究还是在"你要听妈妈的话"中挂了线。

其实，即便没有爸爸的嘱咐，他也会很听妈妈的话。本质上，他还是妈妈的乖儿子，他目睹了妈妈的艰辛与不易。她是最基层的纺织女工，工作三班倒，不管外面是太阳高照，还是雷声轰鸣，到点了她就是再累再困，也得从被窝里钻出来。家里没米了，老公不在家，她一个女人哼哧哼哧地把五十斤的米袋抱上五楼；家里灯管坏了，她自己站在小木梯上，即便腿打战，还会假装没事地哼着歌。

她对他说的最多的就是：你一定要好好学习啊，你看我们当年不认真学习，就得一辈子辛苦下去。

妈妈终究只是一个女人，她只能用女人的立场去考虑一个又一个问题。

可是现在，他遇到的是男人的问题，这么让人尴尬的问题，又怎么可以告诉妈妈呢？甚至他都不敢肯定，妈妈在听闻他的变化之后，会不会哭着给他一巴掌。

他也不知道自己是怎么了，是从哪一天开始对异性有不一样的认识的。小时候一起玩得很好的假小子，有一天竟然也会穿着海军蓝的连衣裙变身为窈窕淑女。原来，她的额头可以这么光洁，眼睛可以这么大，睫毛可以这么弯，胸可以这么挺，腰可以这么细。

　　或许就是从那天开始，他发现男生和女生是不一样的，发现的时候，他就开始变得不淡定了。这种不淡定不仅仅在发小面前，他再不敢像小时候一样，没事的时候，去拉拉女生的辫子，也不敢和女生近距离接触，只要有女生靠近，他就会脸红，就会不由自主地紧张。如果靠得太近，他甚至会不由自主地心跳加快，想一些不应该想的镜头，起一些不该有的反应。

　　他开始回避女生，变得疏离沉默。但梦却不受他的控制，他刻意回避的女生躲进他的梦里，对着他笑……

　　睡眠不好，想得太多，上课时注意力不能集中，导致他的成绩不断下降。他变得敏感，变得焦躁多疑，老师找他谈话，谈不出什么；老师找他母亲，也问不出一个所以然。

　　偏巧那天我旅游回来，给昔日老师捎去一份礼物。当时，他们学校正在搞"拒绝早恋"的文化周活动，因为我的突然到访，老师一定要我也和同学们讲几句。我并不喜欢这个主题，所以简明扼要地讲了几句。不想车子启动的时候，他却跑到我车前拦住了我，他一本正经地说早恋不是最可怕的，有比早恋可怕得多的事情。

　　但是，他没有告诉我比早恋可怕得多的到底是什么事情，直到半年后，我在报纸上发表了一篇青少年成长过程中如何正视生理变化的文章，他才和我讲了这段经历。那时，他已经坐在了高四的教室里，成了一名复读生。

　　这篇文章终究写迟了，不过还算庆幸，也不算太迟。

　　我不知道有多少男孩像他这样藏着这样的秘密，但是如果这个时候有个大大的树洞,能够承载他们的秘密,是不是青春就会灿烂许多?

请问,您是他的树洞吗?

青石板的街道

15岁的时候,他家从老街搬了出去。

新家在最为热闹的市中心,毗邻大型的购物中心。他家住30层,每天晚上做完作业,从窗口望出去,就能看到大片璀璨的霓虹在闪烁。

对于这样一个住所,爸爸妈妈是很得意的,经常在人前有意无意地提及新买的房子在什么小区,也会假装抱怨下物业,说物业费用多么多么昂贵。

他知道他们是在借助别人的羡慕来达到自己的虚荣与满足,这些恰恰是他不屑的。

相对于新家,他更喜欢他家旧房子所在的那条老街。

老街处在离市区二三十公里的古镇上,铺着一米见方的青石板。因为不是连贯地铺筑,所以显得坑坑洼洼、崎岖不平。虽然只有两三百米的样子,却也给老街的居民带来了一定的麻烦,因为这样的路面不适合骑车,但凡有人骑车经过,走到这段,就不得不从车上下来,推着车走,即便是习惯了这段青石板街道的人,推车的时候也会骂骂咧咧的。

但是他却异常喜欢这段青石板街道。

他是一个很内向的孩子,直至初二,除了同桌,还没有交好的朋友。有次学校要进行"摄影与诗"比赛,要求一个图片配一段诗歌。

班上不缺小诗人,但却缺少瞬间能抓住美感的摄影师。同学们完成的摄影作品,能引起强烈共鸣的真的少之又少。老师对这期的作业很不满意,准备组织一次题为"寻找美"的班级活动。

在确定这次活动的取景地的问题上，班上的同学又有了争执。有的同学提出去最繁华的商业大街，说人多的地方更能发现人性美。但被另一组同学否决了，他们认为，正因为人性美是永恒不变的话题，所以其他的班级应该也会以此为突破点，所以他们班应该避重就轻，棋走险招，以景服人，以诗提升。

大家商议来商议去，一直不能达成一致的意见。

这个时候，他的同桌突发奇想，碰了他一下，说："你家那条老街不就是个好地方吗？"

他突然意识到老街确实不错。在同桌的鼓励下，他顶着同学们的争执声，犹犹豫豫地举起了手，说他家的老街道很有味儿，虽然没有太大的名气，但却保持了几百米的青石板街道，两边还是破旧的古建筑，很古色古香，可以构思一段梦回大清的古风，也可以是民国小清新，再不然，直接来一段古今大比较。

不知道是不是因为他很少发言，导致偶尔发言同学们会更信任，还是因为他的设想给了同学们奇妙的想象空间，他的提议竟然获得了大多数同学的肯定。零星几个反对的同学见大势已去，也只好认同了他的建议。

那次"摄影与诗"的比赛，在同学们的努力下，果然取得了很大的成功。在学校的比赛中脱颖而出之后，他们班的作品代表学校参加了全市中小学"摄影与诗"的比赛，取得了特等奖。

短暂的兴奋之后，同学们就把这事给淡忘了，但是他却一直记着。

于他，那不是一次单纯的比赛，而是一把开启自信的钥匙。

后来，当我看到获奖照片，按照照片上的线索，找到他的母校，找到他的时候，他已经没有了当年的内向与青涩。

"这照片不是我拍的，所配的诗歌也不是我写的。"他一直笑着，"但是收获最大的人是我。可惜的是，我家买了新房子，我不能每天踩在青石板的街道上感受这种喜悦，这份喜悦不是一套大房子、一个热闹的地段就能替代的。我现在的想法就是，每年回去看几次，拍几张照片，刷刷朋友圈，让更多的人知道这条街道。"

他的眼睛里充满了希望。

物质的拥有并不代表着喜悦。父母能给予我们物质，喜悦却要靠我们自己去发现。

没有理由

这件事是楚子告诉我的。

原本那天我们约好三个老朋友一起喝下午茶的，可是，当我和楚子在新开的一家茶坊坐下的时候，阿东却打来电话，万分抱歉地说要失约了。

老朋友见面喝茶原本就是为了放松心情，带着没解决好的问题过来，心中丝毫放不下，也就辜负这杯茶了。所以我表示理解，让他安心先忙他自己的事情。

他重重地叹了一口气，没再说什么，就挂断了电话。

楚子对阿东的失约并没有太大的反应，笑了一下，话题就转到别的上面去了。

直到茶杯快要见底的时候，她才压低声问我："你知道阿东家的事情吗？"

"阿东家有什么事情？"我愣住了。

我和阿东也是经常联系的，但这种联系仅限在微信上互动，或电话里沟通。有次街上偶遇，阿东笑着对我说："人哪，还是不要结婚比较好，结婚生子，要操心的事情太多了。"

因为这话，站在他旁边的老婆，用力捏了他一下，把我们逗得哈哈大笑。

阿东只有初中毕业，离开校园比较早，是我们几个中最早结婚的。我们还不懂什么是恋爱的时候，他已经结婚了；我们结婚的时候，他的孩子已经上小学了。

据说他老婆带来的嫁妆很丰厚，临出门时，她老爹塞给她的卡上就有二十多万。阿东也不客气，从老婆那哄来这二十多万，当作他的第一桶金，开了一个小中介公司。借着他的好口才，公司接了几笔生意，赚了一些钱，小日子倒也挺红火。儿子10岁生日的时候，他在四星级的大酒店订了好几桌，叫我们几个一起过去喝一杯。

酒过三巡之后，他的话多了起来，唠着当年的一些小事。唠着唠着，他的眼睛就红了。他说当年咋就这么不懂事，不知道认真读书，学校出来的时候，还是个什么都不懂的愣小子，当个学徒工还得看别人的脸色，那个滋味再也不敢来第二次了。

他把他的儿子叫过来，对他说了一大堆，要他好好学习，一定要弥补爸爸当年的遗憾云云。那场面让人唏嘘。经过这些年的历练，阿东终究和我们当初认识的皮小子不一样了。

我想从他儿子的身上找到一些他当年的影子，但是不知道是客人太多有所压抑的缘故，还是本身的性子就是那样，阿东的儿子话不多，很礼貌，完全没有阿东小时候的调皮模样。

当时我就想，阿东的心愿，他的儿子应该可以替他完成了。这之后，我一直忙着自己的事，即使和阿东联系，也没听他讲过什么事。

楚子淡淡地叹了一口气。"你一定还记得阿东的儿子吧，现在都初一了。阿东在他身上花的心血可不少，他一直把儿子当自己的希望。可是前些天有个男人找到他那里，说他是孩子的亲生父亲。阿东的老婆没否认，看样子是真的。她只说她已经习惯了和阿东在一起的生活，哭着让阿东不要嫌弃她。"

我吸了一口凉气。"阿东怎么说?"

"阿东的为人你也知道的,很重情的一个人,他能有今天,和老婆的那些嫁妆也脱不了关系。心里难受是肯定的,不过听他的意思,并不想在这件事上太追究,那毕竟是老婆年轻时的事情。只要老婆不提离婚,这段婚姻就维持下去。就是孩子——"她皱眉,"不晓得他想怎么解决孩子的问题。"

这件事比较严重,我也不知道该怎么说。孩子是无辜的,问题处理不好,对他的影响是最严重的。

几天后,我还是忍不住给阿东打了一个电话。

他显然知道我这个电话的用意,直接问我:"听楚子讲这件事了吧?"

我没吱声。

"一开始我也挺混乱的,但现在心情差不多平复了。如果那个人没出现,我们一家三口还会像以前一样过日子,那个秘密可能我一辈子都不知道。但是他把这件事抖出来了,感觉就不一样了。只是后来我认真想想,我们三个人都没有变,为什么要因一个不相干的人改变我们原有的生活呢?"他轻笑,"我这么想是不是很傻?"

"不傻。"我认真回答,"那个孩子会敬重你一辈子。"

我听到了他在电话那端长长地舒了一口气。

爱,没有理由。如果可以,请让爱无私地延续下去。

许是尘埃

我总共见过他四次,直到第四次,我才记住了他的名字。

他叫崔肖铁。

其实一开始我并没准备写崔肖铁的故事。他实在太平凡了,平凡到什么程度呢?打个比方吧,班上总共有 17 个男生,他和其中 14 个留有一样的发型，和其中 13 个吃了一样的早饭，和其中 15 个一样上下学由家长接送。

总之，他是一个完全没有特质的人，他的长相，放到人群中就淹没了；他做的，别人也在做；他喜欢的，别人也在喜欢。

但就是这样一个让人忽视姓名、忘记长相、毫无特长的人，竟然对我说："为什么不写我呢？我代表的可是一大片同学。你走进校园，能看到成百上千的同学，光彩夺目的有几个？你能叫得出名字的有几个？和你有交流的又有几个？按比例算，90% 以上都是和我一样的平凡人，你怎么可以凭自己的喜好去抹杀百分之九十的存在呢？"

这个帽子太大，我自是不敢套在自己头上的。所以，我只好认真地对他说："对不起，你能再告诉我一次你的名字吗？"

这是我和崔肖铁的第四次见面。

崔肖铁是高一的学生，他说上了高一后，他就被老师表扬过一次。那次，政治老师的大学同学途经本市，突然到访，老师临时换课没有可能了，只能先匆匆安置好大学同学，再来上课。即便是最快的速度，他还是迟到了 4 分钟。

老师站在黑板面前既兴奋又紧张地解释大学同学突然到访，才迟到什么什么的，希望同学们谅解。

崔肖铁也不知道自己哪根神经犯抽了，大声说道："有朋自远方来，不亦乐乎！"这句话瞬间道出了政治老师的心声，让政治老师激动万分，又是搓手又是红脸地说："这位同学说得太好了，我现在就是这种心情——请问这位同学叫什么名字？"

开学一个半月了，老师总算在知道他的名字前，先表扬他了。他响亮地报出自己的名字。可是还没高兴太久，又一节政治课的时候，老师指着他说："那个'有朋自远方来，不亦乐乎'的同学，你来回答这个问题。"

他无辜地看着我,说:"他又把我的名字给忘了。"

他和我讲这些的时候,我以为这只是一个冷笑话,因为我几次没有记住他的名字,所以我想他是故意说这个来消遣我的。直到后来和政治老师闲聊起这个故事的时候,他才一本正经地告诉我这是真的。"我教两个班政治,提问一般都用学号,差不多两到三个月,才能记全所有同学的名字。"

因为见面的时候,我还没有见过政治老师,所以才把这个故事当成冷笑话,自然不敢轻易接话。

他也不生气。"其实被一个人记住和记住一个人完全是不搭界的两码事。我看过你写的故事,所以你出现后我就能知道你是谁。但是我只是你访谈的一个对象,不会给你留下太深刻的记忆,忘记也是可以理解的。如果对这种事都耿耿于怀的话,那么人还能快乐起来吗?"

"你的快乐指的是什么?"我问,"不会仅仅是想让别人记住你的名字吧?"

他摇头。"我的快乐是我认同了我的平凡。这个世界上,很多人都想成为太阳,但是这个世界上太阳只有一个。所以,无从选择的时候,安心地做一颗尘埃,就是不错的选择。"

安心地做一颗尘埃,就是不错的选择。这句话我重复听了好几遍。只是,别说是孩子,又有多少大人能有这样的觉悟呢?

流年的琐碎

进入高中的第一天,他和同桌就只讲了三句话;

学校的体操比赛,他在全校师生面前摔了一跤;

暑假补课的最后一天,他弄丢了爸爸的钢笔;

……

他坐在草坪上，双手环抱膝盖，嘴里嚼着一段草根，说一句嚼两下，露在外面的那段便改变一下位置，他倒挺自得其乐。

他是一个很普通的男生，温温吞吞的性格，没有太值得高兴的事情，也没有太值得忧伤的事情，成绩一般，属于很容易被老师忽视的那一类。

可就是这样一个男生，却有着一个异常响亮的绰号：暴富哥。

"这是怎么一回事？"我对这个绰号的由来万分好奇。

他把嚼在嘴里的草根吐了出来。"因为我想发财，做梦都想着如何一夜暴富。"他挺着身子，把手伸进口袋，娴熟地从口袋里掏出一张纸，递给我，"这是双色球选号。我的零用钱不多，但是，每周我都会花上两块钱买上一组。这个习惯已经有四年多了。中途也有同学跟我一起买过，但是，除了我以外，没有一个能坚持下来的。他们问我坚持的动力是什么，我说当然是为了钱呗，一夜暴富是多少人的梦想啊。然后，这个绰号就来了。"

"暴富后，准备如何安排呢？"我扫了一眼纸上的一组数字，就把纸还给了他。

"没想过，反正有钱就是好的。"他咧嘴微笑。

我突然觉得他此刻的笑容和我的一个朋友很像。

我的那位朋友，从大学毕业找到工作后开始，也一直有买彩票的习惯，一周买一次，一次买五组，永恒不变的一组数字。而且他只负责买，从不关心几点开奖，中奖的数字是多少。他说如果中了大奖，不刻意去打听，报纸网络肯定有报道，什么地方又出现了一个多少多少的大奖。就算错过了新闻，办公室的同事也不会错过这样的八卦。如果是小奖，那就不值得关注了，小钱罢了，当支持福利事业。

一开始我并不理解他为什么会有这么奇怪的举动。他的家境不错，收入又高，更主要的是，他是一个心无杂念又简单豁达的人。别人去唱歌，他在家看书；别人去喝酒泡吧，他还是在家看书。于他而言，书之外的都是无意义的消遣，钱对他应该没那么重要才对。

我问过他几次，每次他都露出类似的笑，拒绝回答。直到他突然决定结婚，几个好朋友一起吃饭，他才吐露心声。他说这么多年他只是给自己找一个借口，好让别人以为他不是为了支持福利事业，仅仅是为了那笔横财。他笑着说，如果告诉别人你所做的事只是单纯地为了支持福利事业，不晓得背后有多少人指着你说傻瓜呢！幸运的是，他遇到了一个和他一样做着傻事的女人，所以他们决定结婚，继续犯傻下去。

我看着坐在草地上的这个孩子，浅笑。"我那朋友啊，现在每天买五组彩票，还是那组数字，还是不看开奖。"

他竖起大拇指。"你的朋友真的很伟大。不过我真没有那么高的境界，我做梦都指望自己能中个大奖。"他咬了一下唇，"我的爸爸妈妈经常为了经济上的事情吵架，不是爸爸怪妈妈买的化妆品太贵，浪费钱；就是妈妈怪爸爸挣钱少，太小家子气。如果我中了一个大奖，他们应该就少了日常生活中的这些争吵。到家的时候，就有一个温馨的氛围，不用胆战心惊地考虑，今天爸爸妈妈会不会吵架。"

他望向我。"长期处在这样的氛围，神经压抑得太难受。有钱了就可以让神经松懈下来，而钱离我又太遥远了，我只有依靠彩票寄托我的梦想了。"

他的眼神很沉静，没有任何庸俗的气息。他渴望一夜暴富，要的不仅仅是钱财，更是被释放的灵魂。

那是值得庆幸的事，只是我还是忍不住替他悲哀。孩子生活在大人的世界里，大人间矛盾出现的时候，顾及下孩子的想法，有那么难吗？

恋一处风景

因为一个人，爱上一座城。

读到这句话，我的第一反应是：这是一个爱情故事，会发生在很相爱的两个人之间。

关于这样的爱情故事，我可以一下子编出很多种，不过，按我的小心眼，悲剧收场的应该比较多。

因为我总认为，只有悲剧故事才能让人久久不忘。

很明显，我是肤浅的。因为当一个16岁的男孩淡定自若地用这句话作为开场白的时候，那阵势完全颠覆了我对这句话所有的理解。

"没有爱情也可以吗？"我问。

"当然可以。"他笑。

他对旅游的热爱，很确切的说是因为他的父母。他的爸爸妈妈原本就是在旅游的过程中认识的。志同道合的两个人，本身对旅游就很痴迷。结婚后，最先达成一致的就是以后要带孩子走很多很多的地方。

所以，在他很小的时候，爸爸妈妈就开始实施他们的计划，每年都会抽一段时间抱着他旅游。那时，他还不能关注每个旅游景点的地理人文，只是像只贪吃的小狐狸，什么地方有美食的香味，就朝那个方向凑过去。不过，12岁独自参加了一次夏令营后，他突然就像换了一个人，不再盲目地跟着旅游团瞎转了。

对于他的改变，他自己的说辞是，旅行社的旅游都是一些成熟的旅游路线，他们的宗旨不是为了让大家深度地去熟悉一个城市，只是代表性地介绍几个景点，让大家拍几张照，给大家一种心理上的满足。这样的旅游实际上是没有任何意义的。

他认真地说："因为一个人，爱上一座城。爱上一座城，恋一处风景。所以，比风景更重要的是人。"

以后再安排旅游的时候，他都会准备很多资料，首先是那个地方有谁，那个人有什么吸引他的地方，而后再研究那座城，看哪些景区是与这个人有关的，哪些是与这个人无关的。

他突然笑了起来。"这种安排的局限在于那个地方必须有一个让人很想了解的名人，比如河南开封的包青天。但不是每个地方，都会特别突显一个人。有些地方就得在看风景的同时去寻找那个起点睛之笔的人。"

他说的起点睛之笔的人，很多并没有太多的名气。他的旅游笔记上，每个景点几乎都有某个人物作为亮点，比如，烈日下为他们打车的保安大叔；比如，侃侃而谈的出租车司机；比如，热情的水果店老板娘……

"风景再美，也比不上人的心灵美。一个地方的魅力仅靠风景而无其他的话，那也会索然无味。我曾经为一个网友研究过一座小城，从地图到百度，我怎么看怎么找，都没有找到那座小城的优势，但因为有那么一个我想见的人，那座小城就变得充满魅力。原本计划待两天的地方，我待了三天。"

他说的网友是个历史学老教授，在天涯论坛上发过历史方面的帖子。他对历史比较感兴趣，所以跟过帖，也跟他闲聊过几句，他混得也算有点小熟。因为对老教授的学识挺崇拜，所以就想着要不要去那边见一面。老教授很热情地支持了他的想法。

他咧开嘴笑。"不过，见网友和旅游其实是两码事，而且我觉得吧，很多网友见还不如不见。倒不是说见光一定死，而是网上浑身充满优点的人，到了网下总会暴露出一些这样或那样的缺点，与其被现实闪了眼，还不如踏踏实实待在网络里。当然，还有出于对自身安全的考虑。和老教授见面，后面也是有我爸妈护航的。人既然可以作为风景的一部分，那么有好风景肯定也有坏风景，有好人肯定也有坏人。我们说这个城市很美，并不是说这个城市没有丑陋的地方。我们说这是一个好人，也不表示这个好人就没有缺点。"

我被他绕得有些糊涂。"那么到底是因人看风景，还是因风景看人?"

"当你特别喜欢一个地方的时候,那个地方应该有一个比风景更美的人。"他笑着说。

我想,如果此时有人从我们身边经过,有可能也会因为他此时的笑容,而恋上我们这座城。

我们期望美好,却又不能摆脱某些丑陋,我们不能因此就否认美好的存在。发现美,珍惜美,也要学会容忍不美。

❋ 责任，悄悄见证我们长大

人生没有偶然

他可能是我迄今为止认识的最有钱的一个人。

他从事的是床上用品生意。从父亲手里接过这个小作坊的时候，他还只是一个十八九岁的大孩子。但是，就是这个小作坊让他占了市场先机，等到政策绿灯一开，他敏锐的眼光加上合理的宣传，瞬间让他在这个行业内领跑。等其他企业如雨后竹笋般破土而出的时候，他已经长成参天大树了。

我认识他的时候，他的企业已经准备上市了，代言产品的都是一线明星，光是一年的广告费就让我瞠目结舌。我曾经笑着开玩笑问他一年的收入是多少，他说不停地弯腰捡红票子，捡一天，应该还要比他的收入少。

很睿智的回答！我也没有傻兮兮地去计算，反正我知道他很有钱就是了。

但是，就是这样一个有钱的大富翁，在教育孩子方面，却毅然实施着旁人无法理解的苛刻方案。

孩子上小学的时候，普通人家的父母都带着孩子逛各大专卖店或是大商场，谈不上一定要多大的名牌，但一定得买新衣服和新裤子，不能太掉身价。

可是他呢？

他稳坐家中，丝毫没有这种"觉悟"。等到报名量做校服的时候，他一本正经地说，他家要定制双份，尺码尽量放大。据说，他的孩子是那所小学唯一一个，保持着一个礼拜穿五天校服纪录的学生。这个纪录，一直保持了六年。一年级的时候，校服出奇地大，他的孩子的裤管挽起来，用别针固定，看着有多别扭就有多别扭，但是他却一本正经地说："这样才像男子汉。"为了这样的事，老婆和他有过很多次的争吵，每次终结争吵的总是他那一句话：如果你想让儿子像个顶天立地的男人，有所作为的话，你就安静地闭嘴。

他的孩子私下问过他，为什么不可以像其他小朋友一样，穿自己喜欢的衣服？

小学的时候，他的回答是——你这是学习还是显摆？作为一个学生最重要的是衣服吗？初中的时候，他的回答又是——一个男人还没有能力满足自己物质需求的时候，就没有资格挑剔。

他的孩子曾笑着对我说，整个小学阶段，他的同学常常就他是不是个富二代打赌，即便后来上了初中，有同学说谁谁谁就是某某家的公子的时候，听的人往往会咧着嘴笑："别开这样的玩笑好不好？他怎么看都不像富二代。"

他的孩子真的不像个富二代，不仅仅是校服的缘故。

我们常人最基本的思维就是，有他这么强大的经济基础，孩子完全不需要和一般的寒门子弟一样。他的孩子可以上个贵族学校，再出国镀层金，回来接手自己的事业。实在不喜欢，去外边开拓一下新事业也好，反正家大业大，不差那么一点点钱。

但是，他偏偏要把儿子往那条独木桥上赶。他常说的一句话是："现在你的任务是学习，你学不好就是能力不行。对于一个能力不行的人，我怎么可能放心地把企业交到他的手中？"

他的儿子苦笑着对我说："你肯定不知道吧？在别人为了给孩子挑个好一点的学校，努力凑钱买学区房的时候，他就近给我报了一个学校，不算差但绝无优势而言。在其他家长为了孩子进好一点的班级四处找关系的时候，他坐在办公室里，不是盯着股票就是看着文件。他从来没有把我当他的儿子看，他只把我当一个独立个体来看，必须认真，必须勤奋，必须有所成就。"

"你怨他吗？"

"有过，经常有。看到同学在旁边假装系鞋带，显摆他的鞋是阿迪达斯的时候，我就有怨恨。明明我也可以这么显摆，但是他却把我的这种想法彻底扼杀了。不过——"他叹了一口气，"升入高中后，这种想法就淡了。现在啊，我走出教室，经常有其他班的同学当着我的面，向旁边的同学介绍，看到没有，这就是某某某，他这次月考的数学成绩可是满分，比谁谁家的儿子要强多了。"

见面的时候，我和他说起他儿子的这段话，他呵呵笑了起来。"我是靠偶然的机会发迹的，一个人的人生不能仅靠偶然维持，我希望他能脚踏实地地走属于他的人生之路。"

那句话，我写在了卡片上，转送给了他的儿子。

大人的优势不是孩子的优势，如何激发孩子的优势才是家长需要研究的课程。

离回忆很近

"我有过一个妹妹，瘦瘦弱弱的，先天心脏不好，长得很瘦小。

她不能激烈地运动，不能大笑，不能大哭，所以不能出去玩。她没朋友，一天到晚被爸爸妈妈关在家里，和自己的布娃娃玩。她的布娃娃很多，我都分不清哪个是哪个，她却能很轻易地叫出她们的名字。她说以后长大了，要给她们设计很多很多的衣服，这样布娃娃寂寞的时候就可以换衣服玩了，那样就不孤单了。"他的眉很粗很浓，像是用画笔描过一样，棱角分明。讲到伤心的地方，他略略抬起头，停顿一下。"她五岁那年，爸爸妈妈凑足了钱，带她去上海的大医院动心脏手术，临行的时候，她还紧紧地拉着我的手叫哥哥，后来却再也没有回来。"

"所以，你为了妹妹当时一句很随意的话，考了这么高的分数，却放弃了重点高中的志愿，而报了职校学服装设计？"他的表姐忍不住叫了起来，"你这样做，你妹妹活着会开心吗？"

我伸手按在她肩上，示意她不要说话，继续听他说下去。

"妹妹手术失败后，爸妈的精神遭受了严重的打击。妹妹刚过世那段日子，他们睡得相当不好，经常半夜了还不能入眠。有时候，我后半夜起来喝水，还能听到妈妈的抽泣声。那时我尚小，就想着一定要好好学习，考个医科大学，将来做个好医生，这样就能拯救一部分像我妹妹那样的人的生命了。妹妹死后，我的愿望一直是做个医生。"

"那你怎么不报考高中？考了高中才能进医科大啊！"他的表姐哭了起来，伸拳在他的背上捶了几下，"你可知道你的志愿多伤你父母的心。他们现在就只有你一个孩子，一直希望你有个好的将来，你这样做他们不能理解，不能接受啊。"

他任由她捶打着、发泄着，过了好一会才按住了表姐的手。"我是想做医生，填志愿的时候，我也有挣扎。但是，我不能改变一个事实，经过妹妹的事情之后，爸爸妈妈的身体远不如从前。虽然目前还没有太明显的症状，但是爸爸的心脏已经发现了问题。我不知道什么时候家里需要一大笔钱去给爸爸治病，我不能自私地为了自己的一个理想，拿爸爸的健康做赌注。"

他抬头看向我。"我不敢说我的想法就是对的，但是作为一个男人，我觉得责任比理想更为重要。爸爸的健康不一定非要我成为医生才能保证，我们首先要考虑的不是医生，而是医治的费用。报考职校学服装设计，一来可以节约学习的时间，提前好几年踏进社会，可以减轻家里的经济压力；二来也算圆了妹妹的一个小心愿。我这个做哥哥的，替妹妹完成心愿，也是天经地义的。"

那天，他的表情一直是很安静、很恬淡的，只有他的表姐一个人在那痛哭流涕。

在他离开后，她表姐一直在重复：他这是何苦？这是何苦？

我却万分理解他。

就他自己的人生而言，他的这个决定可能是拐错弯了。但是，他的人生不仅仅只有他自己，当他顾及家庭情况，把责任放到自己肩上的时候，我们又有什么理由去否认他的做法呢？他是一个孩子，却站到了大人的高度考虑问题，我赞赏他。

世上没有十全十美的事情，需要取舍的时候，责任应该放在第一位。

沉睡在梦中

她没有睡过一个踏实觉。每晚做完家务躺到床上，她就开始想：孩子今天在学校咋样？家庭作业都做完了吗？有不懂的题目吗？明天孩子穿什么衣服？老公穿什么衣服？早餐吃什么？如果每天生活悠闲，考虑考虑这些还好，但是她还有自己的工作，还得整理家务，还要照顾老人……

周裴安给我讲起他妈妈的时候，带着一点让我捉摸不透的神情。

"在旁人的眼里，她有一个温柔体贴、温文尔雅的老公，有一个聪明懂事、彬彬有礼的儿子，所以理所当然地被贴上了幸福的标签。可是我知道，这种幸福是虚无的。从我懂事起，家里大大小小的事都是妈妈处理的。想去游乐场，妈妈陪同；想吃肯德基，妈妈一起；逛书店买书，妈妈站在身边；买衣服，还是妈妈在一旁掏钱……记忆中，我的所有的琐事都是妈妈陪同完成的。"

接着，他又说起了他的爸爸。"爸爸总有那么多忙的理由。今天有应酬不能回家吃饭；明天在外K歌，接待客户；后天公司有任务，外派出差。妈妈习惯了他的这种状态，有时爸爸心情好，早上上班前随便扔个垃圾都能把妈妈感动很长时间。"后来我在书上看到了一个新名词：假性单亲妈妈。"

他冷笑了起来。"我一对照，我妈妈不就是这个情况吗？她和那些真正的单亲妈妈不同的地方，无非就是在别人面前她有个体面的老公，那个老公每月能给她一笔还算可观的生活费。除此之外，还有什么？我爸爸是个很不负责任的男人。"

周裴安生过一次大病，高烧持续不退，几近昏迷，医院一直查不出原因，只能作保守治疗。昏迷中醒来，他看到了眼睛又红又肿、差不多要虚脱的妈妈，却没有看到爸爸。

虽然妈妈一再说爸爸只是刚离开，他也很着急，只是公司请不到假，他不得不去上班云云，但是这些理由他压根不信。

"爸爸的责任心如何我是知道的。奶奶心动过缓，要装心脏起搏器，第二天要动手术了，前一晚他还在外面和朋友喝得酩酊大醉，唱歌唱到半夜。"

他笑，笑意却不抵眼底。

"我知道你今天过来找我是受妈妈所托。她觉得我学习退步了，一直在费心地找这方面或那方面的原因，想神奇地医治好我的惰性，把我潜在的学习欲望激发起来。她总觉得男生必须学习好，然后考个好一点的大学，找一份体面一点的工作，这样后面的人生才能光芒万丈。我不是想为自己开脱，我没有很认真地学习是真的，但是，我爸爸就是按妈妈的那个模式出来的，他又能给家庭带来多大的幸福？我现在想得最多的是，如何让世界上那么多假性单亲妈妈醒悟，让她们学会对丈夫说不，学会为自己争取权利。我觉得这个是关系到下一代的大事，比一味地把书念好要实在很多。"

我笑了。"你准备如何去拯救呢？空喊喊口号？"

好半天，他都没答上来。

一个人对苍生肩负责任是好的，但是也是有前提的。第一要有这个能力，第二在培养这个能力的同时，要学会从身边的小事做起。

再遇到周裴安妈妈的时候，她好奇地问我对她儿子说了什么。她说他以前和他爸爸一样，是懒惰的性子，和我见过面后突然转了性子，吃完饭主动洗碗，周末还主动拖地了，而且学习的势头也比以前足多了。

我笑了，倒不是我不相信他会真的脱胎换骨，而是这样的脱胎换骨远没有听一个故事这么简单。我只希望这样的改变，能维持的时间长一些，再长一些。

或许那样，他妈妈就能睡几个好觉、做几个好梦了。

只有等待

7月下旬，朋友圈有人更新动态，等待8月桂花香！她贴了一张桂花树的图片。图片不知是什么时候拍的，她人站得有点远，与满屏幕的桂花比较起来，仅仅是个彩色的小点缀。不过模糊不清的表情依然有笑意渗出。

终是爱花的人啊!

因为这条动态,我也开始挂念8月,想着一树桂花开。还没盼到桂花,我却意外地遇到了小邱。

小邱是我一个姐妹的儿子,我们到现在还不知道他的父亲是谁。当年姐妹肚子凸显的时候,她挡在我们问话之前堵住了我们的口——如果还把我当作是你们姐妹的话,那么就不要问孩子的父亲是谁。

她是一个画家,不是太出名,但天赋很好,有艺术家的气质,长得又美。我一直觉得,如果她在这条路上坚持走下去,肯定会有所成就。可是她却遇到了一个美国人,不知道那人是如何说服她的,那之后她对着画板的时间越来越少,而把更多的时间用在了泡吧上。她的目标不再是画家,而是绿卡。

所以,小邱出生的时候,我们都有些担心,一个不知道自己父亲是谁的孩子,如果再是混血儿的话,那么他即将面对的压力就非常可怕了。所幸的是,小邱是个地地道道的黄种人。

不过姐妹并没有因为小邱的出生,就放弃对绿卡的执念。有几次,我们都以为她可以和某个美国人牵手进教堂了,可在最后一刻却都黄掉了。

她哭着说:"我的漂亮只是对国人而言的,在他们眼里,我并不漂亮,我只是他们消遣的玩具。为什么我就不能遇到一个能真诚待我的人呢?"

那阵子她极度消沉,要不是因为小邱,估计她已经放弃生命了。好在难过了一阵后,她又像打不死的小强一样满血复活,又开始在酒吧追逐她的人生了。她认识了一个比她小八岁的美国男孩,因为考虑到年龄问题,一开始她拒绝了他,但是经不住男孩再三表白与浪漫追求。男孩回国前夕再三向她保证,回去向父母说明后就和她结婚。没多久，她也去了美国。

小邱一直和外婆生活。去年的时候，她突然出现，特地找了我们几个一起吃饭，说要把小邱带去美国了。虽然我们很不舍，但毕竟去美国是她多年的梦想，所以我们还是很替她高兴。那之后她便音信全无，没想到我却在超市遇到了小邱。

"你一个人从美国回来的？"因为是他一个人，所以我忍不住问。

他耸了一下肩。"她对你说美国了吗？我们没有去美国，只是换了一座城市罢了。那人是真的喜欢她，给她好吃的、好用的，也不嫌弃我，可是，她似乎还没放弃她的美国梦，一直残忍地践踏着别人的爱情。"他从置物架上拿了几碗泡面，"我实在看不下去了，所以就回来了。她竟然以为我是因为还没拿到绿卡赌气，昨天还在电话里对我说她会帮我联系学校，让我放心，安心地等一阵，她一定会给我们母子俩搞到绿卡的。"

他双手撑在购物车的推手上。"她一直都不知道，我对绿卡根本不感兴趣。我等待的不是绿卡，而是她可以安定下来，不被单身妈妈这个称谓击垮，可以像其他人的妈妈一样，轻松幸福地过完她的人生。"

我望着这个孩子。在我们匆忙过着自己日子的时候，这个孩子已经悄悄长大了。倒是他的妈妈，依然固守着当年的梦，这么多年过去了还不能释怀。

或许，他耐心等待的不是其他，只是妈妈的长大吧。

不是所有的父母都是大人，在某些事情上，他们比孩子还要孩子，在我们长大的同时，我们也要耐着性子等待父母长大。

喂养一朵花开

疏风来问我借铁树的时候，我正在做剁椒鱼头。铁树这种植物多娇贵，养了废了，又养又废，好不容易长成了，怎么可以轻易放手呢？

我面无表情地说，不借。

他不急不恼，跟在我的身后，也不说话。我往西他也往西，我往南他也往南，一副不达目的誓不罢休的模样。鱼上桌的时候，他还静静地站着，用他那无辜的眼神看着我。

这小子，我是真拿他没辙了！也罢，谁让他是姑妈的独苗呢，再怎么说也得顾及老爸的面子，总不能让他不吃饭，一直可怜兮兮地傻站着吧。

"说吧，你要铁树干什么用？"

一听我问这话，他的屁股立马坐到了椅子上。

"我就知道我姐是最善良、最漂亮、最可爱的女人了，怎么会不答应呢？"他神采奕奕地看着我，还摆出一副绝对没有拍马屁的表情，"我们班有个男生叫陆丰，我有跟你提起过的。"

我想了一下问："他妈妈心脏不太好的那个？"

"现在不光是心脏问题了，整个人都很不好。"他叹了一口气，"之前心脏做过手术，需要复检和吃药，可是他妈不晓得是舍不得钱还是怎么的，反正把医生的话当耳边风了。前几个礼拜又住院了，好像说与没吃药有关，头部的血管被什么给堵住了。具体的我也说不上来，反正差点就没命了。不过人虽说抢救回来了，但是不能说话走路了。前天，我作为同学代表和老师一起去医院探望。他妈妈的情况真是惨，跟她说话，不能说饿不饿，只能说饿的话你眨下眼睛，不饿的话闭上眼睛。医生说恢复到原样已经不可能了，生活能不能自理什么的，就要看她自己的造化了。"

我对陆丰还是有点印象的，蛮乐观开朗的一个孩子，并没有因为妈妈的身体不好而寡言悲观，相反，很乐意和同学们打成一片。此时，家里又遭这样的重创，不知道他还能不能像以前那样无忧无虑。

我唏嘘了一会，问道："但是，这个和铁树有什么关系？"

"陆丰的妈妈也种了一棵铁树，好几年了，和你家的差不多大。她一直照顾得好好的，说铁树能看出家里的运势。运势好，铁树就长得好；运势不好，铁树就长不好。他妈妈住院几个礼拜了，也没人有这个心思去照顾铁树，他家铁树下面的叶子都黄了，看着一蹶不振的。这两天他妈妈马上要出院了，陆丰其实也并不相信他妈妈的说法，但是如果这个时候让他妈妈看到铁树黄了，她肯定会有不好的想法。看到健健康康的铁树，说不定她就有了某种积极的信念，身体真的会变好呢。"

我总算明白了他的意思。话都说得那么明白了，再不把铁树搬去，岂不显得我太冷血了？我干脆好事做到底，让疏风给陆丰打个电话，趁着天黑，叫了一辆车把铁树送了过去。

我们到的时候，陆丰在楼下不安地走动着，直到我们出现，他才轻轻舒了一口气。我和开车的师傅把铁树搬进电梯，又安置到他家的阳台上，好在花盆还算一致，就没再另外处理，直接把他家的铁树换了出来。

他一直跟着我们走到车旁，在我准备上车的时候，他轻轻碰了我一下。

"姐姐，谢谢你。你放心，我一定会尽我最大的努力养好这盆铁树。对我而言，那不仅仅是一盆植物，更是一个信仰。我会让我妈妈看到它开花的。我希望那个时候，我的妈妈能够站起来。"

路灯下，这个男孩的影子很短，像潜伏在自己脚边的一只兽，忠诚地陪伴着他。我说不出话，最后只能用力地抱了他一下。

汽车启动的时候，他还站在原地一动不动，细心的司机对我说，那孩子哭了。

都说父母的爱是最无私的，其实孩子对父母的爱也可以感人肺腑。

清醒在水湄

在隐香阁买香水书签的时候,听到几个穿着三中校服的女孩在八卦。

"你们听说没有,王毅被他父亲打得住院了。"

"这么暴力的父亲啊,自己的儿子哪下得了重手啊,这心里是咋想的呀?"一个女孩问。

"也不能全怪他的父亲,王毅的'名气'又不是一天两天了。学校挂着的处分还没有消掉呢,又不安生了。听说上个礼拜六,和几个同学去吃肯德基。回来的时候,路边有条宠物狗在睡觉,那狗也没惹他们,他们偏要拿狗比试技能。几个人捡了石子扔,也没扔中,倒把狗给惹毛了,对着他们就叫了起来。狗的主人听到狗叫就跑了出来,那狗也就仗着人势,叫得更欢了。结果王毅的老毛病就犯了,上去没理会人家主人,直接踹了两脚,又用大石子砸了一下,把狗砸得都出血了。狗主人是个七十多岁的老人家,一直把狗当儿子养的,这一急,直接晕了过去。现在老人家还在医院躺着呢,听说老人家的儿子请了假,从外地赶回来了。这事说大不大,说小不小,但事关王毅的前程,他妈就赶紧给他爸打电话了,他爸还在外面出差呢,接到电话急急忙忙买了飞机票回家,怕那户人家把事情闹大,就拉着王毅,要他一起去医院,给老人家道个歉。可是他就是不肯,最后把老爷子惹毛了,没按捺住,拎起板凳就砸了下去,直接把王毅也送到医院了。"

"有什么样的儿子,就有什么样的父亲,脾气都这么冲……"

我无意听了几句,果然有人的地方就有八卦。但是这事情听着咋那么耳熟……突然我怔住了,前天我妈给我打电话,说孙家老头太可怜了，老太婆过世得早，儿子又在外面工作，一个人太寂寞，就养了条狗做伴，没想到一个毛小子没事招惹他的狗，把狗砸残了，他一急，就晕过去了。也不知道是幸运还是不幸运，人进了医院，儿子就回来陪他了。他一直没提儿子，但是我们都知道他惦记着儿子呢。

几个女生还在就这事讨论着。坏男生对这个年龄段的女生有着致命的吸引力，虽然她们知道王毅的这种做法不对，但还是忍不住为他开罪。"那老人家应该原本就有什么病吧，王毅只是偏巧遇上了，所以才不愿道歉的吧！"

我凑过去，问："你们知道王毅在哪个医院吗？"

我找到王毅的时候，他的爸爸还在一脸怒容地对着他，倒是他的妈妈一把鼻涕一把眼泪地小声做着他的思想工作。"你也是这么大的人了，也应该知道事情的严重性，道个歉又不是要你命的事情。只有你道歉了，我们才能做后面的补救工作，你这样……你这样让我们如何帮你打理？"

他顶嘴。"我有说要你们打理吗？"

他的父亲抡着拳头，又要冲上去。我尴尬地站在门口，用力地敲了敲原本就开着的病房门。

对于我的意外到访，他的父母很反感。在我递出名片后，他们义正词严地拒绝了。"他只是一个未成年的孩子，我们有保护未成年人的义务，不接受记者的采访。"

我再三表示，我并不是记者，只是无意中听说了这件事，觉得有必要过来和孩子聊聊，或许聊过之后，他就愿意去道歉了。

我说的最后一句话总算引起了他父母的兴趣，他们互望了一眼，退后一步没有再阻挠。

王毅躺在床上，两只手随意地交叉在脑后，托起了头，很惬意地看着我。"你的口才真好，两分钟就把这两个人搞定了。"

我看着他的表情，突然明白了一件事，有些无措地指了他一下。"你——"

他摆出嘘的手势。"不能说出来，说出来，我爸妈又要把你请出去了哦！"

我默契地点了下头。"那你能说说，你不想道歉的理由吗？"

"足够任性，算不算一个理由？你觉得我可不可以足够任性？"他笑得像一朵盛开的罂粟，"我做很多别人无法理解的事情，一是无聊，二是想看看我到底能任性到何种地步。这才是最原始的游戏，真正的其乐无穷。"

"你当真觉得快乐吗？"我没有等他回答，就走了出来。身后是他妈妈焦急的声音："他答应了吗？"

我静静地看着她，说："父母保护不了他一辈子的，可以让他学着长大，承担责任了！"

当我发现王毅只是假装被打伤的时候，我就在想，谁才是受伤最重的人？谁应该站出来道歉？

溺爱和爱是完全不同的两个概念，一个是无底线地纵容，一个是从善教育。出现状况的时候，大人首先要想的不是孩子怎么了，而是自己的教育是否有问题。

为心留白

不是心里塞满幸福的人生，才是完满的。有的时候，我们需要给心留一点空间，让它体味各种不愿尝试的滋味。那才是完美。

沈小儒记得和陈昊开始有合作好像是初二的校庆。那时，每个班级都要准备节目，他原本是不太热衷这些的，但是因为颜值太高，班主任下了命令，必须要他准备一个节目。

一个五音不全，没经过乐器熏陶，也没经过舞蹈和武术培训的人，想准备一个节目出来，几乎是天方夜谭。他绞尽脑汁也没想出可以表演什么节目。此时，陈昊一副哥俩好的模样凑了过来，又挑眉又歪嘴，一心想把沈小儒逗乐。

沈小儒瞬间灵感大爆发，抓着陈昊不放了。"我们一起来演双簧吧？你在前，我在后。"

"但是老师要的是你的颜值好不好？"陈昊拒绝。

"她只是要节目，我都出节目了，他还想怎样？"

沈小儒就这样赖上了陈昊。他也不是不想在前面，但是在前面表演的人要能做出各种夸张表情，他唇红齿白、帅气英俊的脸实在不适合。他小段子讲得不错，加上陈昊天生就是一个表演艺术家，他总能找到最和谐的动作配合他的语速。校庆上，他们强强联手，最后虽未能摘取第一，倒也令观众印象深刻。

班主任事后对陈昊的总结是，想不到这同学学习不咋样，在表演上倒别有洞天。班主任是数学老师，用的词是别有洞天，沈小儒到现在还没想明白这个词用得到底正确不正确，但是言语间的喜爱是不容置疑的。这样的喜爱让沈小儒很不是滋味，却让陈昊找到了奋起的理由。由一个双簧引发的进步，郑重其事地上演了。因为进步，班主任对陈昊的喜欢更是多了一分。初三的时候，沈小儒和陈昊勾肩搭背地去厕所，遇到班主任和新来的政治老师。班主任叫住他们，对政治老师说："你没见过他们演的双簧，太棒了。尤其陈昊的表演，太形象、太可爱了，直接让人笑歪了嘴。"

沈小儒的颜值直接让人忽视了……

其实，看到陈昊进步，沈小儒还是很高兴的，但是听了这番话后，这种高兴就像掺了黄连的蜂蜜，本应该是甜的，留在舌尖的偏偏是苦味。

沈小儒急于摆脱陈昊，但是却摆脱不了命运。高一开学的时候，两个人又坐在了同一个教室里，开学没多久他们又演了一出双簧。这次是高中的班主任点名的，他也不避讳班上同学的眼光，热情洋溢地说：“我听你们初中的老师说了，说你们两个人演的双簧相当不错。这次就看你们能不能为我们班级争光了。”

陈昊跃跃欲试，沈小儒却无动于衷。

在无数次的排练后，两个人终于正式上场，进入最精彩的环节的时候，沈小儒漏念了两句台词，表演以失败而告终。

只是一闪念的想法，他却当真去做了，沈小儒对这次的失败有难辞其咎的责任。但是陈昊却像没事人一样地蹦到老师面前，说："内容有改过，我忘了。"轻轻松松的一句话就把责任全揽了回来。

老师也没责怪他们，安慰了几句，这事就这么过去了。

沈小儒责问陈昊明明是他忘词，为什么对老师那么说。陈昊笑着说："你是多看重颜面的人啊，我脸皮厚，这样的小失误让我承担好了。"

沈小儒断没有想过事情的发展会是这样的。

他坐在我的面前，笑容颇为沉重。"我现在一直在想，一定要找个机会，把事情的真相告诉他，否则心里太不是滋味儿了。但是我又怕他知道真相后，会看轻我……"

我从饮料中抽出吸管，在桌面上画了一个心。"所有的人都希望做到问心无愧，所有的人都希望心里塞满幸福，但是这是不现实的。我们要试着给心留白，在里面放一点遗憾，放一点不完美。只有这样，才会产生感悟，才会有进步。"

他愣愣地看着我，这个姿势保持了很久很久。

人的责任有很多种，其中就包括懂事与长大。

几口杜康

他是在一个同学的生日宴上才发现自己有饮酒的天赋的。

"几杯啤酒下去的时候,有两个同学已经醉红了脸,说话都不太利索了,可是,我却很好,什么不良反应也没有。那次因为有大人在场,见有同学醉了,便不让我们继续喝下去了。那是我第一次喝酒,一个人喝了三瓶啤酒。对于这个数字,我是很满意的,但是满意之余,我又产生了一种迫切的愿望,想知道我到底能喝几瓶酒,在喝到第几瓶时我会醉。"

他慢慢地转着桌面上的饮料。"我一直在寻找这样的机会。但是那年我只有14岁,即便个头有一米七五了,在父母眼里还是小孩子一个。所以,但凡有饭局,爸爸和朋友在餐桌上你一杯我一杯地喝,我却连碰酒杯的权利也没有。那样的场景看得我很眼馋,偶尔有叔叔看出我的寂寞,半真半假地说小子要不要来一杯的时候,爸爸直接无视我的渴望,严厉制止,说等我长大了再说。所以,那时啊,我最开心的时候就是有同学过生日邀请我。这个时候,我就可以理直气壮地捧起酒杯喝两杯了。这个其实是很好理解的,我们那个年龄能喝两口就觉得特别牛,总想在别人面前露一把。"他笑了。

"我的酒量在同学中的名气越来越大,后来其他班一些不是太熟悉的同学也会找我一起过生日。当然,这些半生不熟的同学基本上都是能喝几杯的,他们找我其实只是想找更好的喝酒氛围。"他喝了一口饮料,"你遇到我的那次,就是隔壁班的一个同学过生日。他的爸爸是房地产老板,不差钱,差的就是时间,所以面对儿子生日时的狮子大开口并没有拒绝。那天,那个同学就揣着大把票子把我们带到了那个酒吧。那是我第一次去那地方,也不怕你笑话,当即就被这种凌乱的疯狂给吸引了。我们要了一张桌子，在嘈杂的环境中，吼叫着，扭动着，畅饮着。我也不知道喝了多少杯酒，反正见到你的时候，我已经喝得分不清东南西北了。对了，那天，我到底对你说什么了？"他问得很认真。

我回忆了一下。"从酒吧出来，你已经像烂泥一样了，不过还在那边装没有喝醉，和同学们吹嘘你还能喝多少多少杯。这时，我正好从你身边经过，你把我当成了你的某个老师，见到我拔腿就跑，没走三步就摔倒在地，幸好没摔伤。我把你拉起来的时候，你就对我说了一句话——原来你不是李老师，太好了。我还没说话，你就又吧唧摔倒了。"

他呵呵笑了起来。"所以啊，你应该看出来了，我是一个怕老师的学生，不敢太任性妄为。"他叹了一口气，"那天回去可惨了，被爸妈狠狠地骂了一顿，此后差不多一个礼拜的时间，只要他们两个人想到这事，我就得准备接受批评。这个滋味可真不好受，胃倒过来了，脑袋却浑浑噩噩的，耳朵里还得塞满谴责。不过，经过酒精的洗礼，感觉自己似乎真的做错事情了。倒也不是自己觉悟好，实在是喝醉酒太难受了。当然了，除了难受之外，还有就是爸妈的责骂，也算点醒了我。"

他放下手里的饮料。"我还有我的责任，品酒不是我这个年龄能承担得起的游戏。不能因为一时的兴起，就忘了自己应该做什么。我后来查过一些资料，摄入较多酒精对记忆力、注意力、判断力等都有严重伤害，其他的就不讲了，这些就能把我吓坏了。而且这是对成人而言的，对我们未成年人伤害应该更加厉害。我可不敢冒这个险，我的人生才刚刚开始，学业才是百事之基啊。"

我突然产生一种坏坏的想法，如果把他面前的饮料换成酒，他还会又是责任又是人生地感慨吗？当然，那只是我想想而已。

一处闲庭

"你知道我有多累吗?"他仰头望着天空,"我很久很久没看过星星了。"

他浅浅地笑。我的目光落在他的英文读本上,有心疼,有赞赏,或者什么也没有。

他不是一个很优秀的男生,我看过他的素质报告书,但凡聪明伶俐的孩子,老师总会有一定的描述,但是他的素质报告书上,文字朴实到让人心疼。小学时老师的评语是:憨厚诚实的孩子,从不计较自己的得失,助人为乐,热爱集体,总是以集体的荣耀为自己的荣耀,很受小朋友喜欢。初中时:该生学习认真,进步明显;为人诚实善良,礼让谦虚,很受老师同学喜欢。高一的:你是一个认真的学生,老师以你为傲;你的刻苦,有目共睹;你的善良,无须描述;假如能在认真学习的同时再尽量多消化已学的知识,你的学习会很出色的。

但是,就是这样一个资质一般的同学,却获得全班同学的认同,年末的时候,一个人囊括了进步奖、优秀奖,而且几乎是全票通过。我很想知道他的这些荣誉的背后有怎样的故事,他又是如何让同学信服的。

"我知道我的智力并不好,同学背三遍就能滚瓜烂熟的内容,我背十遍八遍还是支支吾吾、断断续续。要想进步,一定得比别人多花几倍的时间。庆幸的是我是寄宿生,星期天傍晚前到学校,星期五下午才回家,中间有很多可以自由支配的时间。晚上熄灯后,同学们睡觉说梦话,我亮着手电筒偷偷做数学题;早上同学们还在流口水做梦,我已经窝在被窝里背完了英语单词。别人吃个饭要十五二十分钟,我十分钟之内解决。但是这些时间还是不够,我就把那些难背的英语单词抄在纸片上，走路的时候背，上厕所的时候也背……我就是凭着这股努力劲挤进了班级前十，当时老师让我说一下学习心得，我站在黑板前面，老半天就说了一句话——笨鸟就要有做笨鸟的觉悟。"他笑了一下，"很多同学笑了，也有同学哭了。"

他接着说："很多同学说高中生活苦，其实他们所谓的苦真的有这么苦吗？学生最大的痛苦不是一天花多少时间在学习上，而是同样坐在教室里，有的人轻而易举就能拿高分，有的人却老是最后几名。人累不是最可怕的，心累了就当真可怕了。"他合了合眼，又强撑着把眼睛开，"我现在唯一的动力是妈妈。我小时候，比别人家的孩子说话晚，比别人家的孩子走路晚，很多人在背后笑话妈妈，说妈妈生了一个憨儿。妈妈没有被别人的话语影响，一直鼓励我、安慰我，一直对我保持着高期望。我不怕别人嘲笑，但是我绝不允许别人嘲笑妈妈。那是我做儿子的孝顺妈妈的第一步。"一边说，他一边打了一个呵欠。

"你有多久没好好睡觉了？"我问。

"从初二开始就没睡过一次懒觉。"他回忆道，"一天能睡7个小时已经是记忆里的事情了。现在啊，我真想找一个空旷的院子，静静地晒着太阳，睡上一整天。充满花香的庭院，简单别致的小亭，可以摇晃的椅子，温暖的太阳……现在还不是想这些的时候，不过也快了。"说这些话时，他的手托着下巴，一脸向往。

看着他疲惫的样子，我终是不忍心再打扰他。我怕我和他闲聊的时间，他会从睡觉的时间里克扣出来。

每个人对爱的诠释是不一样的。我不能说做父母的对子女的肯定、认同和期望是错的，我只想说成就真的比快乐和健康更重要吗？

不要以爱的名义，为孩子制造不必要的负担。

我们总会长大

长大不是结果,而是一个过程。

张玮是以这句话作为故事的开端的。我觉得这句话很好,便用笔很流畅地在笔记上记下。接着耳边响起的却是张玮的另一句话:长大是不是也意味着失去?

如花一样的年龄,他想到的却是失去!我看着眼前的他,突然觉得我并不懂他。

张玮是我亲戚家的孩子,平常接触的并不多,一般见面都是在某些长辈宴请的场合,谁家嫁女儿啊,谁谁过大寿啊……他总会跟着父母到场。

张玮的性格有点冷淡,笑容不多。偶尔有人和他打招呼,他一般就是点一下头,他有着完全和年龄不符的老成。他的相貌颇为出色,但凡从他跟前走过,总会让人不经意地多望一眼,望得多了,自然而然就记住了。

因为熟知他的性格,我不会自讨没趣,上前搭话。我也有我的小性子,遇到他的时候,我也挂着如他一般疏远的表情,转身离开。

那次,一个长辈又有宴请,因为是假日,学生都放假。所以,下午闲着没事的时候,几个半大的孩子就趴在桌上玩真心话大冒险,我正好经过,见他们玩得高兴,便冒失地凑了过去。结果他们拉着我一起来玩一局,没想到当即中奖。

他们的问题是讲讲最刻骨铭心的那件事情。

几乎没有考虑,我就想到了我12岁那年的那起车祸。

我一个人骑着自行车出去玩,途经一条狭窄小马路的急转弯地段,后面的车为了避让对面的车,打了点方向,却硬生生向我撞了过来。

我被压在车下，离车轮只有一点点距离。因为个子小，没伤胳膊没伤腿，就是脸上不知道被什么刮到了，裂开了一个口子，流了很多血。司机把我从车下拉出来的时候，腿都打战了。其实当时我还没缓过神，还来不及害怕，倒是后来，很长一段时间我听到汽车的刹车声，都会条件反射一样惊颤。

我对着这群孩子嘿嘿笑了一下。"从车轮下捡回命的时候，最担心的不是其他，而是会不会被毁容。好在表皮组织自愈功能强大，恢复得相当不错，完全没留下疤痕。"

他们听了哈哈大笑，也没难为我，直接让过关了。回转过身的时候，张玮就站在我身后。

"你怎么不和他们一起玩？"问完，我就后悔了。他这古怪性子，有几个人能受得了啊！我没准备他能回答我的问题，从位置上站起来，慢悠悠地踱到阳台，没想到他尾随着跟了出来。

我有些意外地看着他。他撩开额头右侧的斜刘海，说："我小学的时候骑自行车，不小心撞到了电线杆上，缝了6针。"

细看，依稀还有些痕迹。他很快把刘海放了下来。"很少有人知道的。"他认真地说，"这是我的缺陷，我不会把我的缺陷暴露在别人面前。"

他高调地扫了我一眼。"你有和我类似的经历，所以也算半个同道中人。"

因为一次意外的游戏，我奇迹般地得到了他的认同。那天下午，他就坐在我的身旁。有人过来打招呼，他就保持沉默；没人过来的时候，他就和我说话。

爸爸彻夜不归啊，爸妈吵架啊，这些让很多孩子头疼的问题，在他看来只是一段人生必经的过程。

"如果爸爸只是一个很普通的人，没有那么高的地位和经济实力，他也就不具备彻夜不归的理由。再或许妈妈不要这么强势，能以小女人的胸怀去包容大男人的错误，那么也不会出现这样那样的矛盾。一个人在得到一定成就或其他的什么东西的同时，肯定也在失去一些东西。"

他的观点是对的，但是这个观点理性得可怕，让我不得不重新审视这个孩子。但是他的心有锁，除了他本人，谁也打不开。

之后，我试着和他联系过几次，不知道是不是中间隔了电话线的缘故，感觉很遥远。

在他高一的时候，他给我打电话，说他的父母离婚了。

他说他不知道别人的成长经历是怎样的，但是他是从失去中逐渐长大的。小学的时候，失去了完美的相貌，他懂得了刘海的重要；初中的时候，暗恋前座的女生，还没积满能量表白，她就转学走了，他才懂得抓住机会有多重要；高中的时候，爸妈离婚了，他才知道完整的家才有幸福的味道。

我静静地听着，直到他泣不成声。

我们不知道自己下一刻会失去什么，所以拥有的时候要加倍珍惜。